D1789289

大江东去，浪淘尽、千古风流人物。故垒西边，人道是、三国周郎赤壁。乱石崩云，惊涛裂岸，卷起千堆雪。江山如画，一时多少豪杰。

遥想公瑾当年，小乔初嫁了，雄姿英发。羽扇纶巾，谈笑间、樯橹灰飞烟灭。故国神游，多情应笑我，早生华发。人生如梦，一尊还酹江月。

录苏轼念奴娇词

京西 武汉荷主人

Zhōngguózì

Shūxiě (Hàn-Yīng Bǎn)

对外汉语教材

柯佩琦 编著 海伦·瓦莉曼 译

**A Chinese Language Course
for Universities and Schools**

Brigitte Kölla
Translated by Helen Wallimann

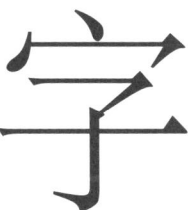

中国字

书写（汉英版）

商籀印书馆
SINCE 1897 **The Commercial Press**

图书在版编目（CIP）数据

中国字·书写：汉英版/柯佩琦编著；海伦·瓦莉曼译.
—北京：商务印书馆，2011
ISBN 978-7-100 -08392-8

I. 中… II. ①柯… ②海伦… III. 汉语－对外汉语教学
－教学参考资料 IV. H195.4

中国版本图书馆CIP数据核字（2011）第104456号

Zhōngguózì · Shūxiě (Hàn-Yīng Bǎn)

A Chinese Language Course for Universities and Schools
Brigitte Kölla

English translation	Helen Wallimann
Illustrations	Yang Xinglai
Calligraphy	Yuan Fang
Book design	Musqueteers GmbH, Zurich / www.musqueteers.ch

中国字·书写（汉英版）

柯佩琦　编著

海伦·瓦莉曼　译

商　务　印　书　馆　出　版
（北京王府井大街36号　邮政编码 100710）
商　务　印　书　馆　发　行
北京盛通印刷股份有限公司印刷厂印刷
ISBN 978－7－100－08392－8

2011年11月第 1 版　　　开本 880×1230　1/16
2011年11月北京第 1 次印刷　印张 13
定价：90.00元

Contents 目录

Basics 1-9 前导　一至九

《中国话》字选

学海无涯

前导 Basics

B1　Strokes　笔画

A stroke is the smallest element of a character. The starting point and the direction of each stroke are fixed. Each stroke is written straight off without lifting pen from paper.

B1.1　Basic strokes　基本笔画

In modern writing, strokes are classified into 6 simple one-directional strokes and 25 strokes that change direction (see B1.3).

héng　横

shù　竖

piě　撇

nà　捺

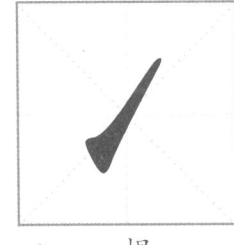

tí　提

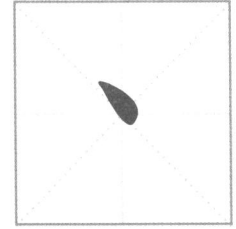

diǎn　点

笔形		
横	一 一	长 打　不 日　三 牛
竖	丨 丨	车 忙　中 他　十 门
撇	丿 丿 丿	个 千 房 白　少 种 见 坐　人 手 月 八
捺	㇏ ㇏	汉 之　大 是　八 这
提	㇀ ㇀ ㇀	我 打 红　江 地
点	丶 丶 丶	冷 太 字 忙　心 空 心　小 言 空

临写

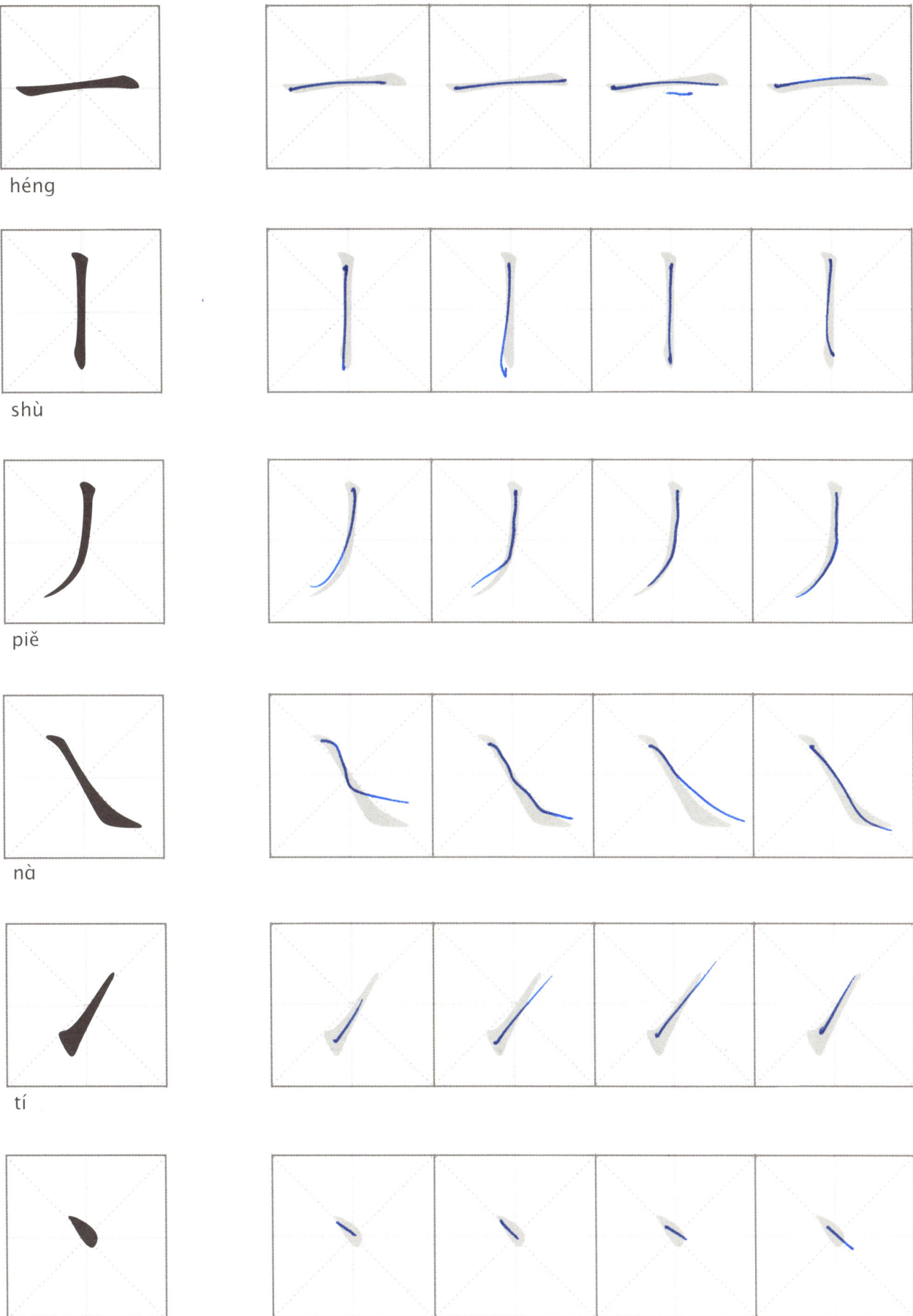

héng

shù

piě

nà

tí

diǎn

B1.3 Strokes that change direction 派生笔画

Direction changes are always down turns or right turns. They are made without lifting pen from paper.

1	㇕	口	横折	héngzhé
2	㇅	凹	横折折	héngzhézhé
3	㇄	凸	横折折折	héngzhézhézhé
4	㇖	山	竖折	shùzhé
5	㇗	鼎	竖折折	shùzhézhé
6	㇆	又	横撇	héngpiě
7	㇋	及	横折折撇	héngzhézhépiě
8	㇒	专	竖折撇	shùzhépiě
9	㇜	公	撇折	piězhé
10	㇚	小	竖钩	shùgōu
11	㇟	独	弯钩	wāngōu
12	㇇	写	横钩	hénggōu
13	㇆	月	横折钩	héngzhégōu
14	㇌	阴	横撇弯钩	héngpiěwāngōu
15	㇡	乃	横折折折钩	héngzhézhézhégōu
16	㇉	马	竖折折钩	shùzhézhégōu
17	㇂	扎	斜钩	xiégōu
18	㇇	风	横折斜钩	héngzhéxiégōu
19	㇄	四	竖弯	shùwān
20	㇋	朵	横折弯	héngzhéwān
21	㇈	儿	竖弯钩	shùwāngōu
22	㇟	九	横折弯钩	héngzhéwāngōu
23	㇗	民	竖提	shùtí
24	㇘	说	横折提	héngzhétí
25	㇛	女	撇点	piědiǎn

参考：费锦昌等编《汉字写法规范字典》，上海辞书出版社，1992。

前
导
一

临写

临写

前导一

B2 Stroke order 笔顺

Each character has a set number of strokes which must be written in a set order within an imaginary square.

Seven basic rules regarding stroke order:

1 先横后竖
Xiān héng hòu shù
Horizontal before vertical

   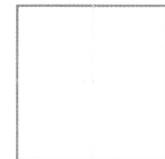

2 先撇后捺
Xiān piě hòu nà
Left-falling stroke before
right-falling stroke

3 从上到下
Cóng shàng dào xià
From top to bottom

4 从左到右
Cóng zuǒ dào yòu
From left to right

5 先外后里
Xiān wài hòu lǐ
Outside before inside

6 先外后里再封口
Xiān wài hòu lǐ zài fēngkǒu
Inside before enclosing stroke

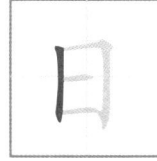   

7 先中间后两边
Xiān zhōngjiān hòu liǎngbiān
Middle before sides

   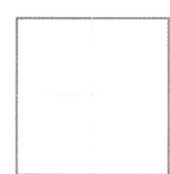

前导二

B2.1 一二三四五

一

yī

1 画 一

二

èr

2 画 一 二

三

sān

3 画 一 二 三

四

sì

5 画 丨 冂 冂 四 四

五

wǔ

4 画 一 丆 五 五

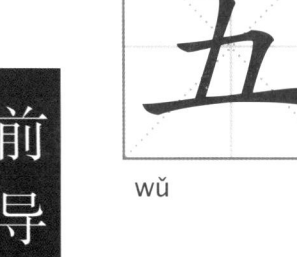

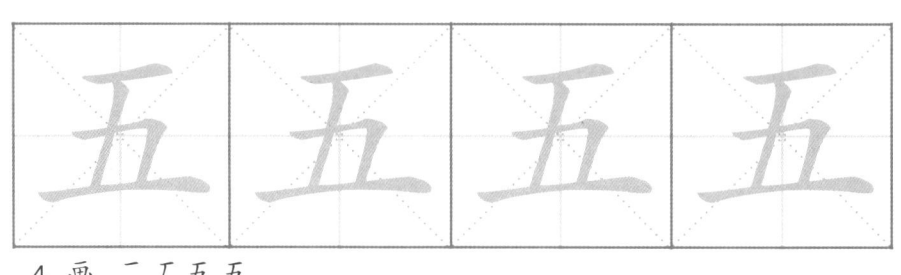

B2.2 六七八九十

liù

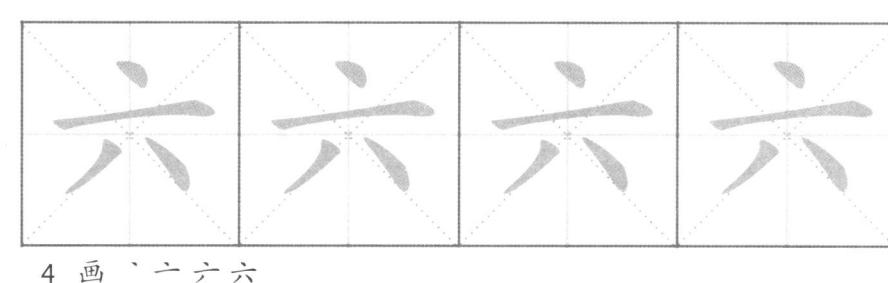

4 画 丶 亠 六 六

qī

2 画 一 七

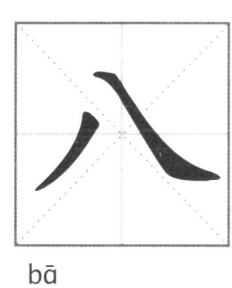

bā

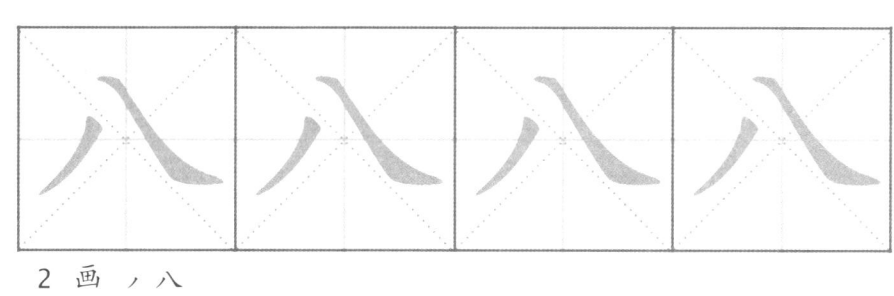

2 画 丿 八

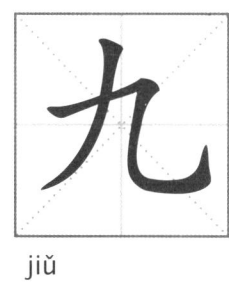

jiǔ

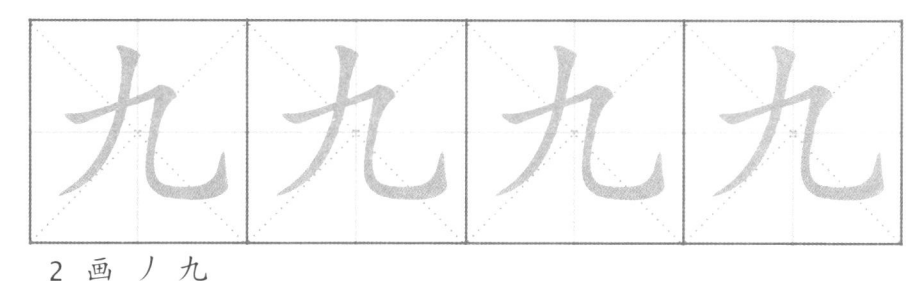

2 画 丿 九

shí

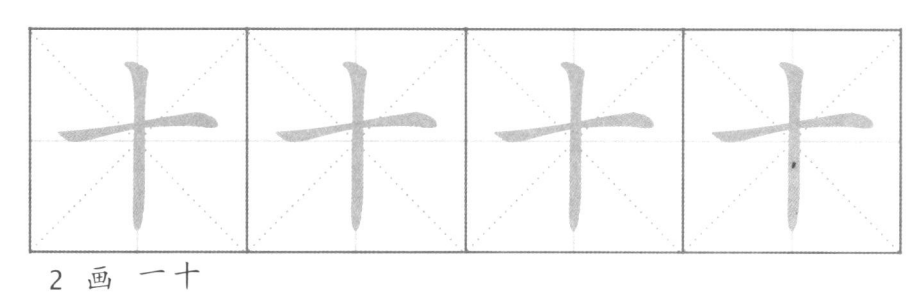

2 画 一 十

前导二

一	一	一	一	一	一	一	一	一	一	一	一
二	二	二	二	二	二	二	二	二	二	二	二
三	三	三	三	三	三	三	三	三	三	三	三
四	四	四	四	四	四	四	四	四	四	四	四
五	五	五	五	五	五	五	五	五	五	五	五
六	六	六	六	六	六	六	六	六	六	六	六
七	七	七	七	七	七	七	七	七	七	七	七
八	八	八	八	八	八	八	八	八	八	八	八
九	九	九	九	九	九	九	九	九	九	九	九
十	十	十	十	十	十	十	十	十	十	十	十

B2.3 练习

1   Name the strokes in the order they should be written

十   héng, shù

八   *piě, nà*   撇、捺

六

七

九

四

2   Number the strokes in the order they should be written

3   Sudoku

八		六	四	九	二			五
	九				三			四
四			二	三				
一			四		二		五	九
六		五				四		八
二	四		八		五			七
			五	八				二
五		七					八	
九		八	七	二		五		一

咏雪诗

郑板桥

一片二片三四片

五六七八九十片

千片万片无数片

飞入芦花总不见

求阙斋主人 书

B3   Simplex characters I   独体字（一）

Chinese characters are divided into two categories according to their graphic structure: simplex characters (独体字 dútǐzì) and compound characters (合体字 hétǐzì).
Simplex characters can only be broken down into single strokes, compound characters can be split into two or more graphic components.

独体字 dútǐzì

独体字 dútǐzì

独体字 dútǐzì

合体字 hétǐzì

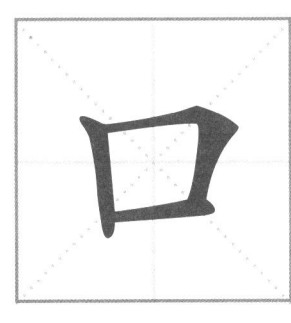

独体字 dútǐzì

合体字 hétǐzì

前导三

前导三

B3.1 日月人天

rì

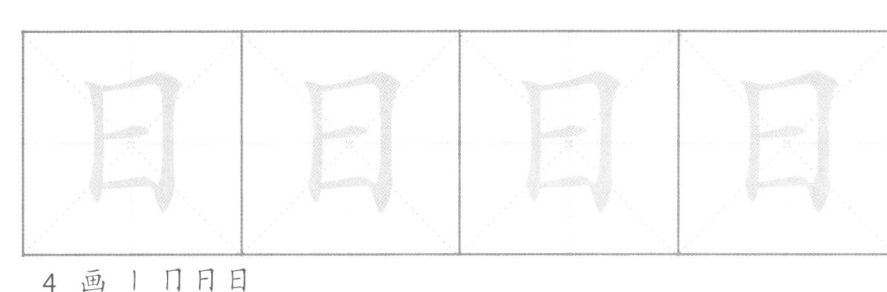

4 画 丨 冂 月 日

yuè

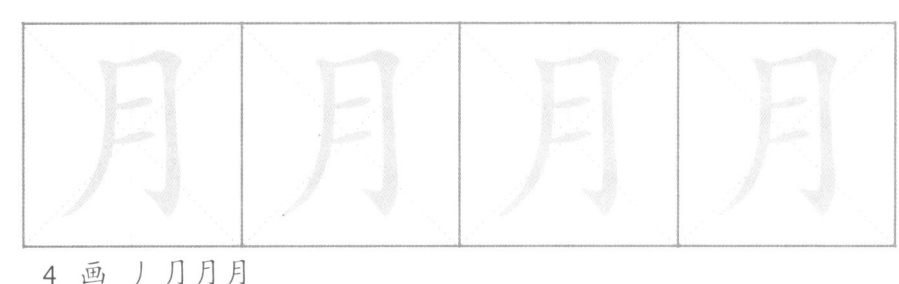

4 画 丿 冂 月 月

rén

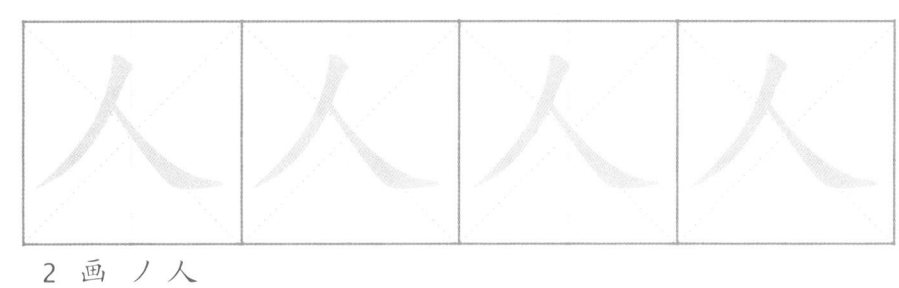

2 画 丿 人

tiān

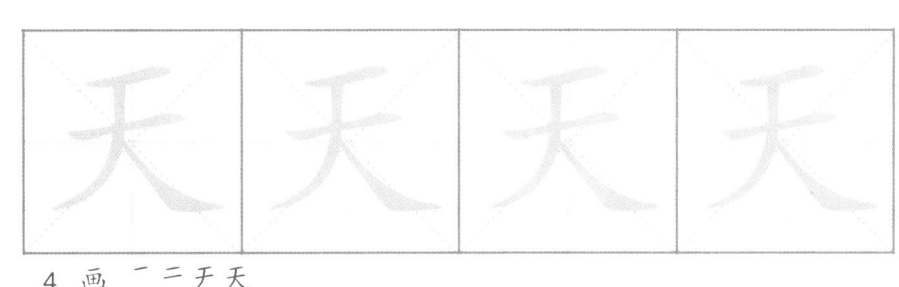

4 画 一 二 チ 天

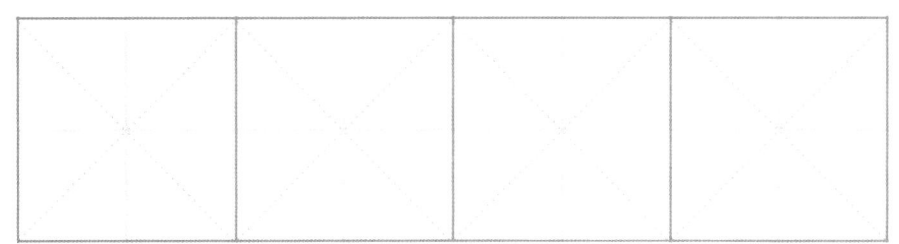

前导三

 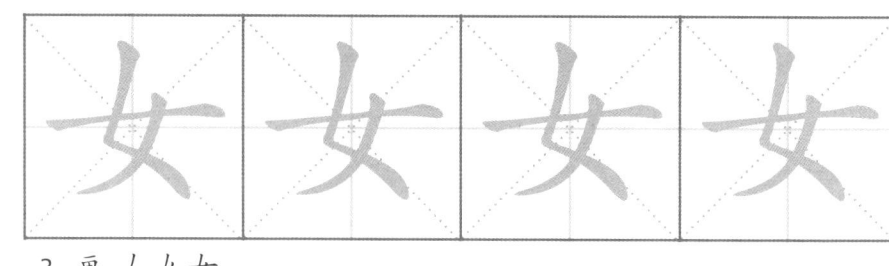

nǚ

3 画 く 女 女

 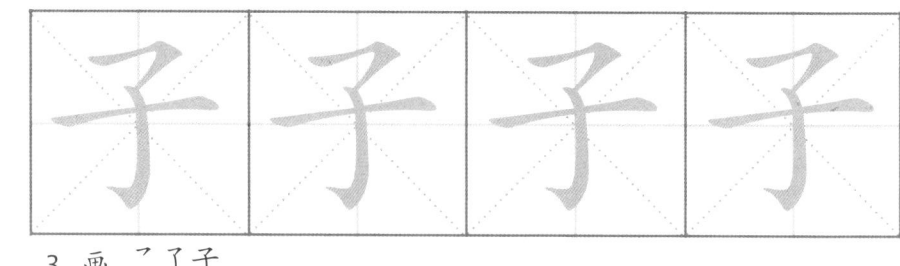

zǐ

3 画 了 了 子

 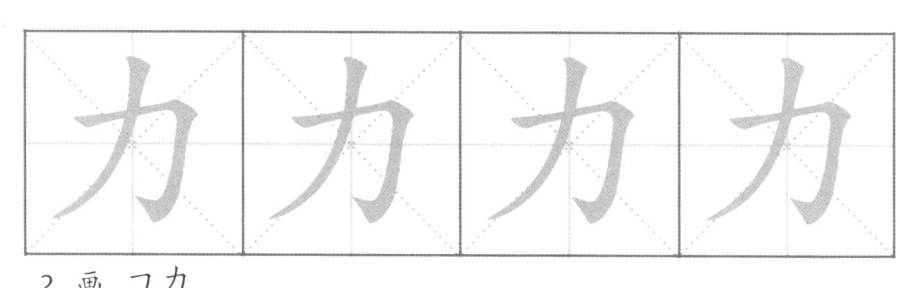

lì

2 画 フ 力

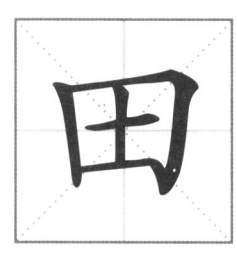 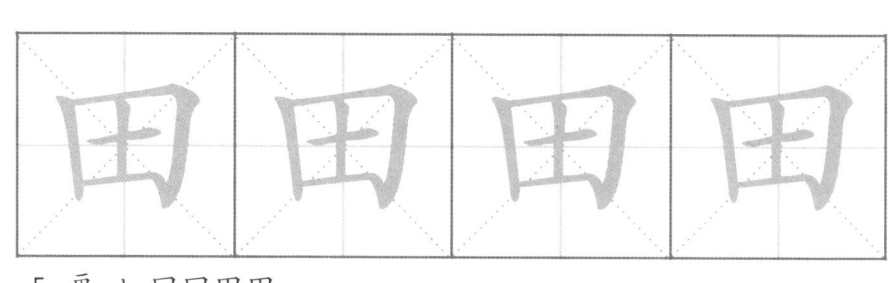

tián

5 画 丨 冂 冃 田 田

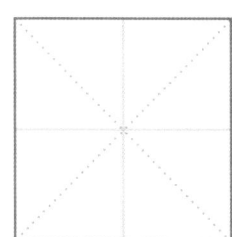 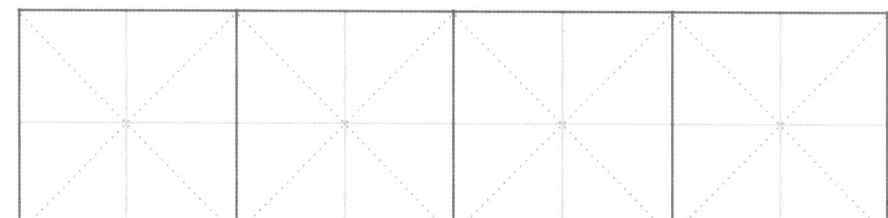

B3.3 手文口中

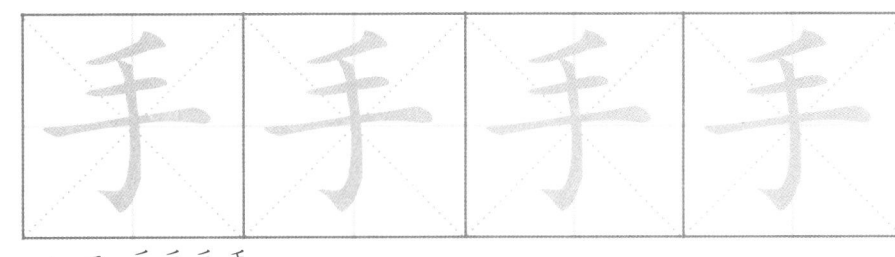

shǒu

4 画 ノ 二 三 手

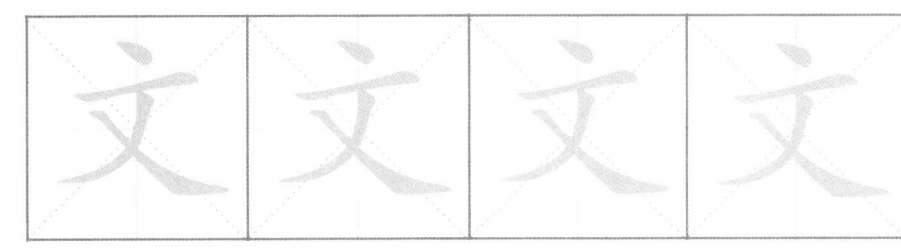

wén

4 画 丶 一 ナ 文

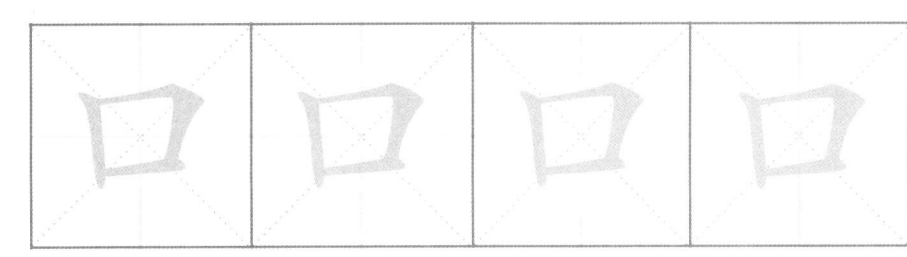

kǒu

3 画 丨 冂 口

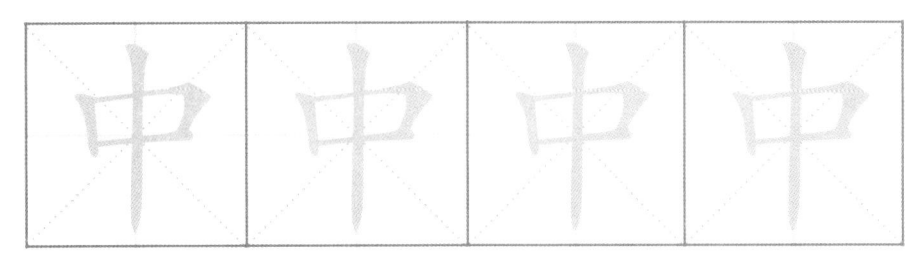

zhōng

4 画 丨 冂 口 中

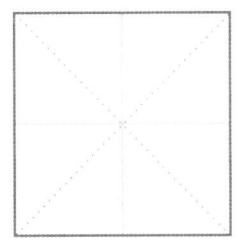

前导三

临写

日	日	日	日	日	日	日	日	日	日	日	日
月	月	月	月	月	月	月	月	月	月	月	月
人	人	人	人	人	人	人	人	人	人	人	人
天	天	天	天	天	天	天	天	天	天	天	天
女	女	女	女	女	女	女	女	女	女	女	女
子	子	子	子	子	子	子	子	子	子	子	子
力	力	力	力	力	力	力	力	力	力	力	力
田	田	田	田	田	田	田	田	田	田	田	田
手	手	手	手	手	手	手	手	手	手	手	手
文	文	文	文	文	文	文	文	文	文	文	文
口	口	口	口	口	口	口	口	口	口	口	口
中	中	中	中	中	中	中	中	中	中	中	中

前导三

B3.4 练习

日	(N)	sun, day	力	(N)	strength, power
月	(N)	moon, month	田	(N)	field
人	(N)	human, person	手	(N)	hand
天	(N)	sky, day	文	(N)	writing, language
女	(ADJ)	female	口	(N)	mouth, opening, entrance
子	(N/SUF)	child, son; (suffix)	中	(N/ADJ)	centre; middle

1   **Name the strokes in the order they should be written**

文   diǎn, héng, …   手

中   天

田   女

2   **Write the names of the months**

Yīyuè	Èryuè	Sānyuè	Sìyuè	Wǔyuè	Liùyuè
Qīyuè	Bāyuè	Jiǔyuè	Shíyuè	Shíyīyuè	Shí'èryuè

3   **Write the date**

Shíyuè yī rì   Bāyuè yī rì   Sānyuè bā rì

4   **Write the words**

Rìwén	Zhōngwén	nǔrén	rénlì	yuèzhōng	shísì tiān	rénkǒu
Japanese	Chinese	woman	manpower	middle of month	14 days	population

前导三

B4 Simplex characters II 独体字（二）

The early forms of Chinese script, to be found on oracle bones and ritual vessels, evolved into five basic types of script: seal script, clerical script, cursive script, semi-cursive script and regular script.
Today the seal and clerical scripts are used only as archaizing ornamental scripts. Modern fonts like Kaiti or Songti are based on the regular script.

篆书
zhuànshū
seal script

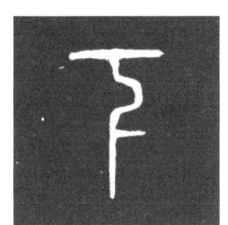 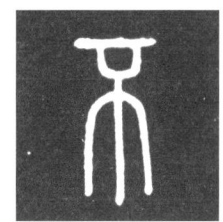 

隶书
lìshū
clerical script

草书
cǎoshū
cursive script

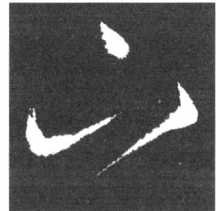 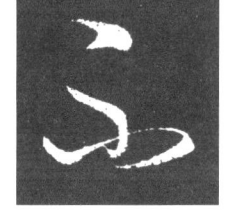 

行书
xíngshū
semi-cursive script

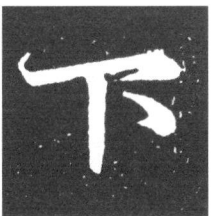  

楷书
kǎishū
regular script

前导四

前导四

B4.1 上下不也

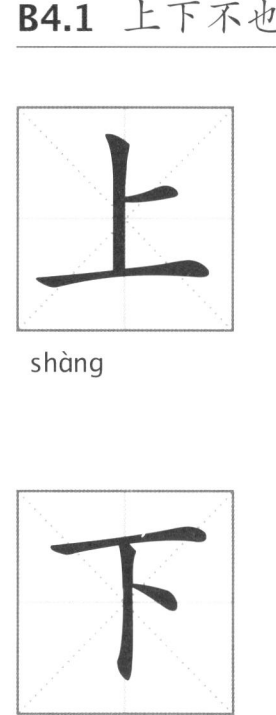

shàng

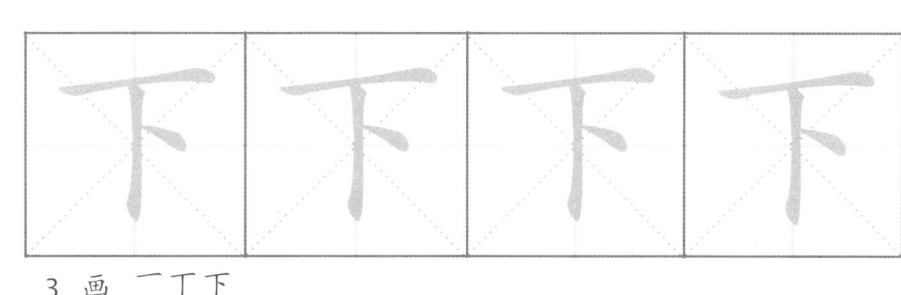

3 画 丨卜上

xià

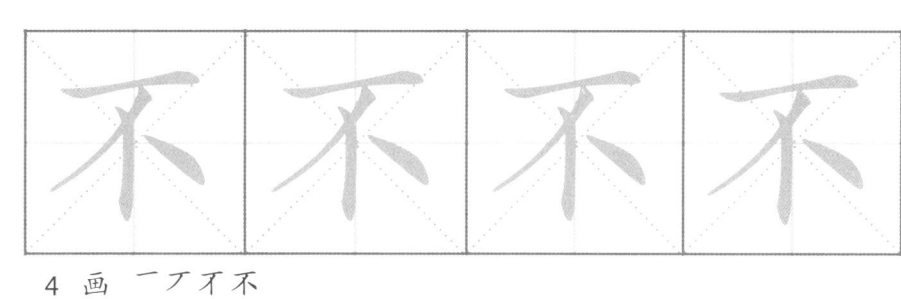

3 画 一丁下

bù

4 画 一丆不不

yě

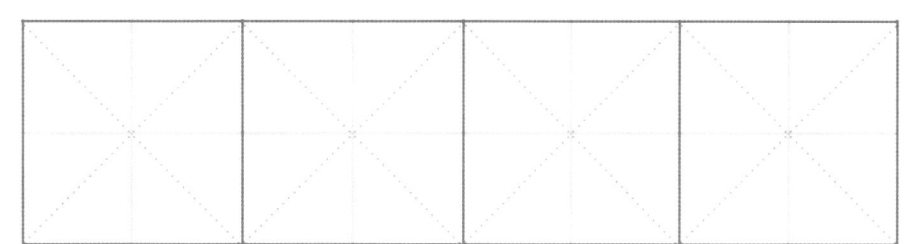

3 画 𠃌也也

前导四

 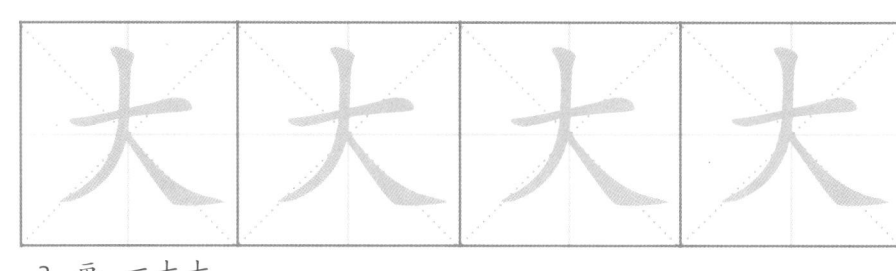

dà

3 画 一ナ大

 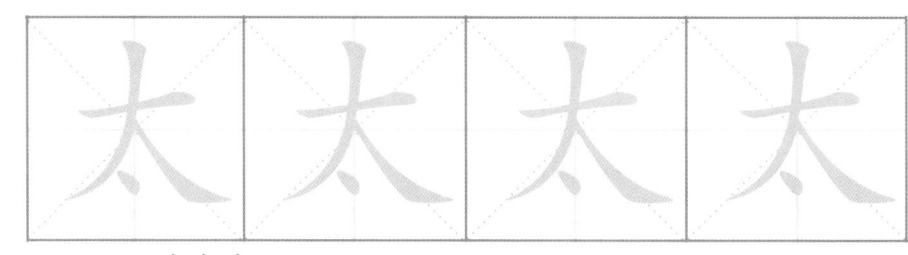

tài

4 画 一ナ大太

 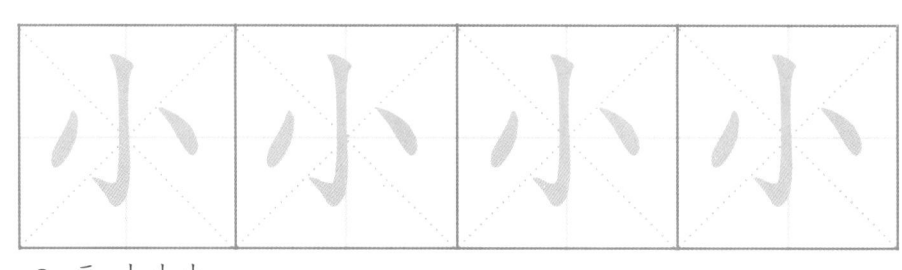

xiǎo

3 画 亅小小

 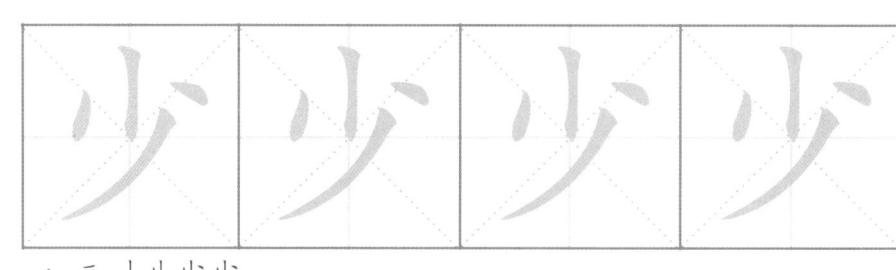

shǎo

4 画 亅小小少

 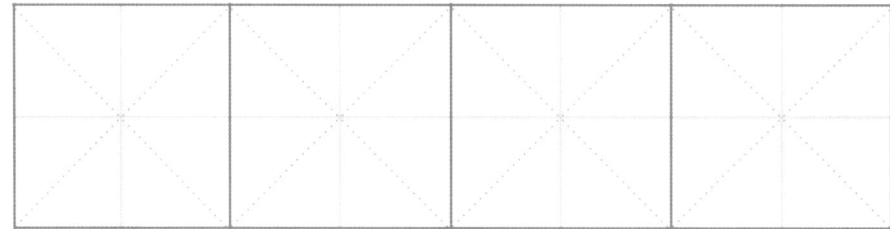

B4.3 木本白百

mù

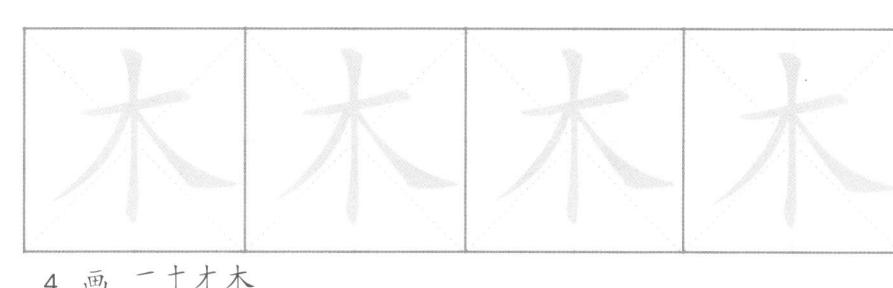

4 画　一 十 才 木

běn

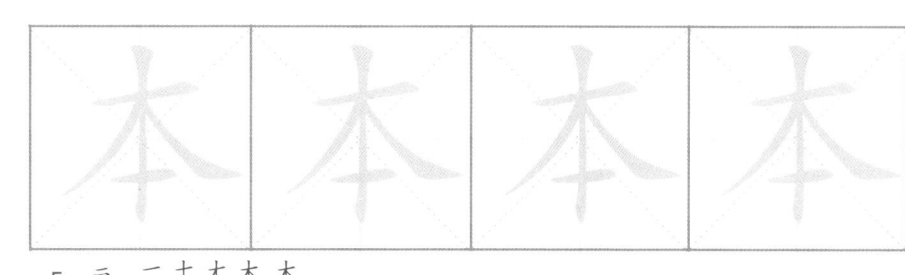

5 画　一 十 才 木 本

bái

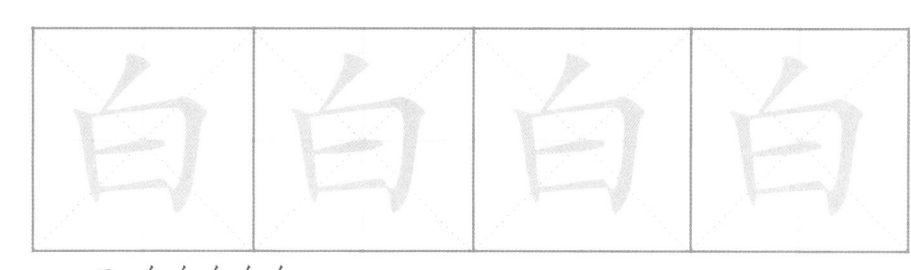

5 画　丿 亻 白 白 白

bǎi

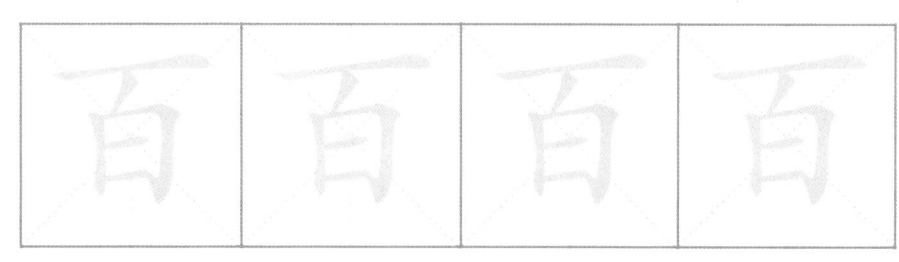

6 画　一 ア ア 百 百 百

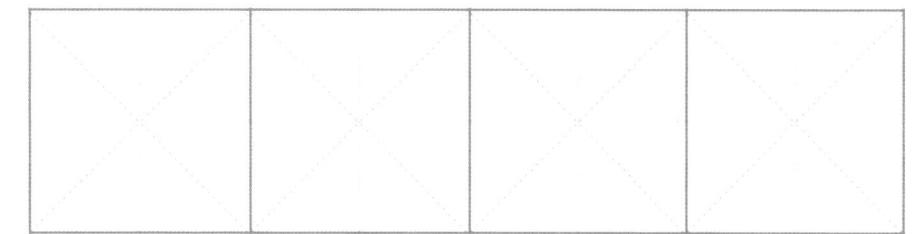

前导四

上	上	上	上	上	上	上	上	上	上	上
下	下	下	下	下	下	下	下	下	下	下
不	不	不	不	不	不	不	不	不	不	不
也	也	也	也	也	也	也	也	也	也	也
大	大	大	大	大	大	大	大	大	大	大
太	太	太	太	太	太	太	太	太	太	太
小	小	小	小	小	小	小	小	小	小	小
少	少	少	少	少	少	少	少	少	少	少
木	木	木	木	木	木	木	木	木	木	木
本	本	本	本	本	本	本	本	本	本	本
白	白	白	白	白	白	白	白	白	白	白
百	百	百	百	百	百	百	百	百	百	百

B4.4 练习

上	(N/V)	above; go up, go to	小	(ADJ)	small, little
下	(N/V)	below; go down	少	(ADJ)	few
不	(ADV)	not	木	(N)	wood
也	(ADV)	also	本	(N/CL)	basis; (classifier for books)
大	(ADJ)	big	白	(ADJ)	white
太	(ADV)	too, extremely	百	(NUM)	hundred

1   **Name the strokes in the order they should be written**

上   shù, …   不

也   太

少   百

2   **Write the words**

wǔbǎi	tàitai	tài dà	dàxiǎo	bù shǎo	báitiān
500	Madam	too big	size	quite a few	daytime

xià tián	shàngyuè	xiàyuè	běnzi	Rìběn	Rìběnrén
go to the fields	last month	next month	notebook	Japan	Japanese

3   **Colour the characters and components you recognize**

他姓林，叫大明，是中国人。
她姓李，叫美如，是加拿大人。
你好！你叫什么名字？

前导四

前导四

B5 Character simplification I 汉字简化（一）

Characters were simplified (i.e. their strokes reduced) using various methods (see also B9).

A number of the 2235 simplified characters which are now standard in Mainland China and in Singapore stem from the graphic forms of the cursive or semi-cursive scripts.

full form fántǐzì 繁体字	cursive script cǎoshū 草书	simplified form jiǎntǐzì 简体字

参考：《草字编》，文物出版社，1983。

前导五

前导五

B5.1 门門车車

mén

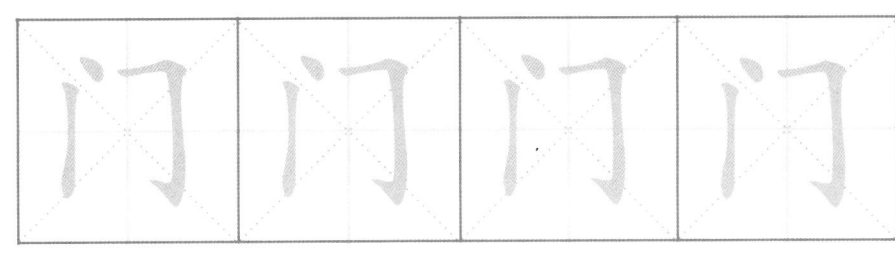

3 画 丶 亻 门

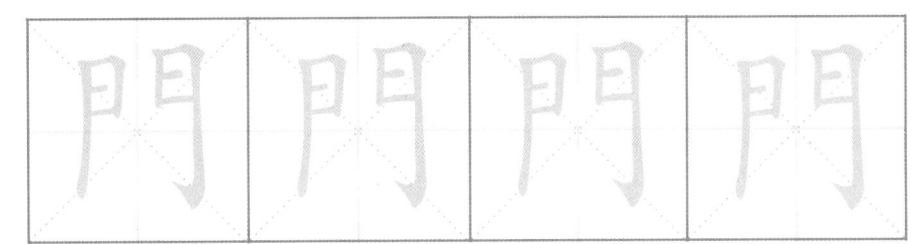

8 画 丨 冂 冂 冂 冋 門 門 門

chē

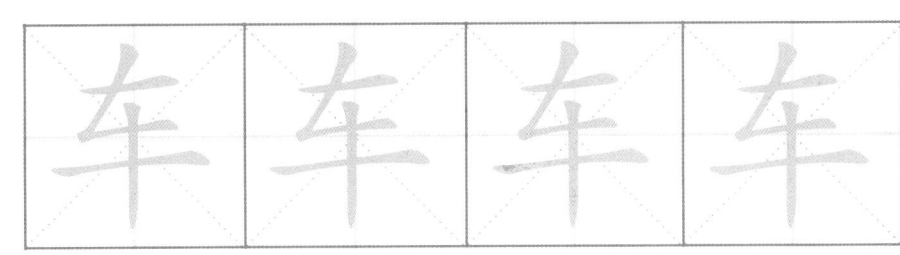

4 画 一 𠃊 𢎘 车

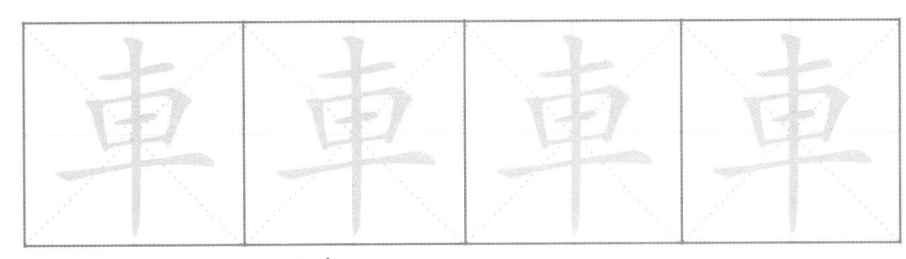

7 画 一 𠃊 厂 冃 百 亘 車

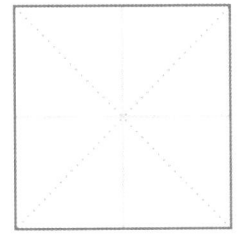

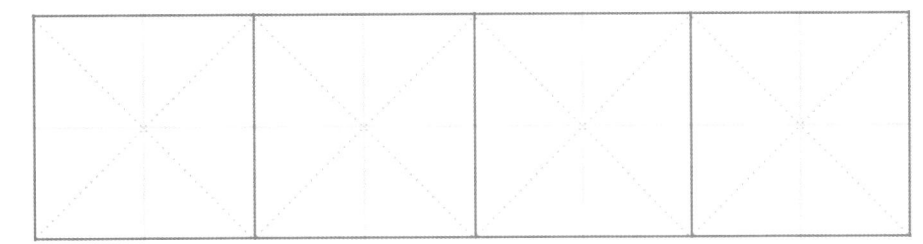

前
导
五

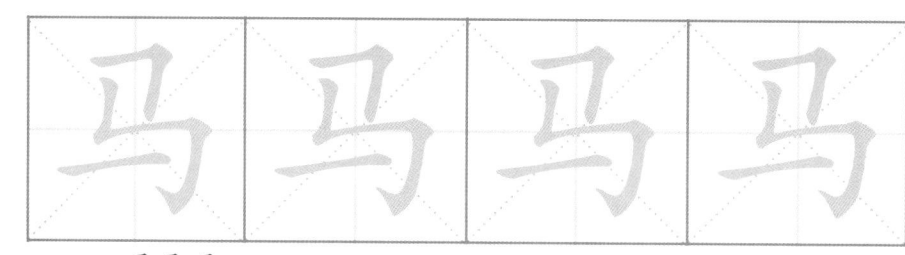

mǎ

3 画 ㇆马马

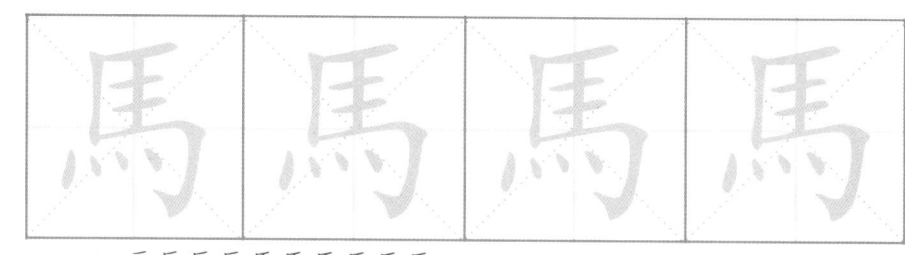

10画 一厂厂下下馬馬馬馬馬

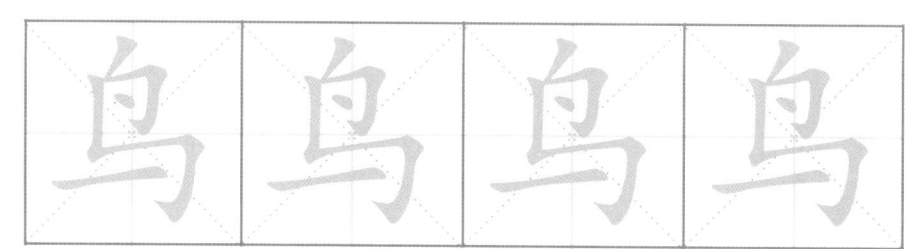

niǎo

5 画 ㇚勹勺鸟鸟

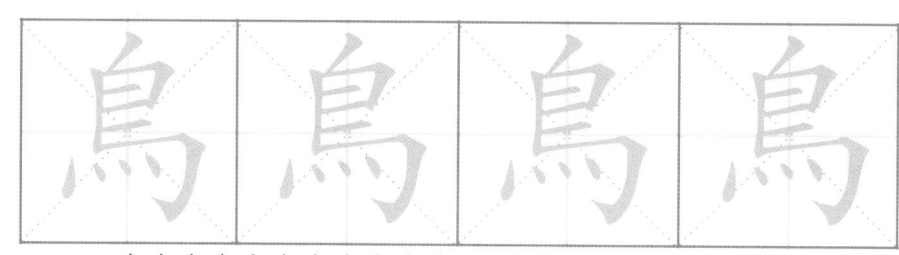

11画 ㇚冂冃卪卪卪鳥鳥鳥鳥鳥

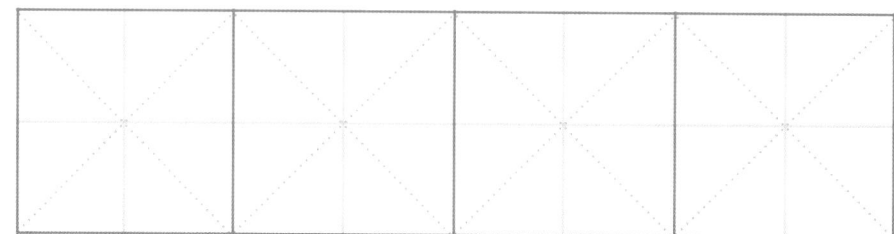

B5.3 见見长長

jiàn

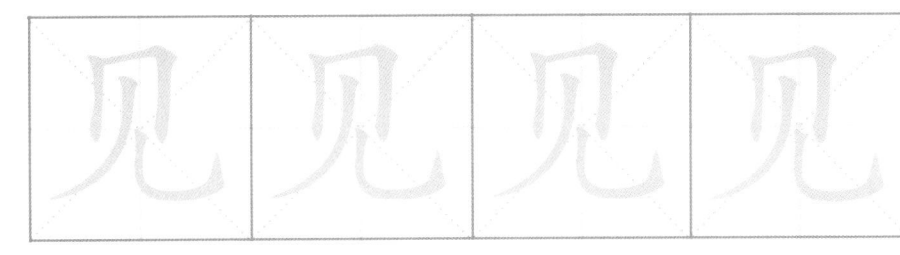

4 画 丨冂贝见

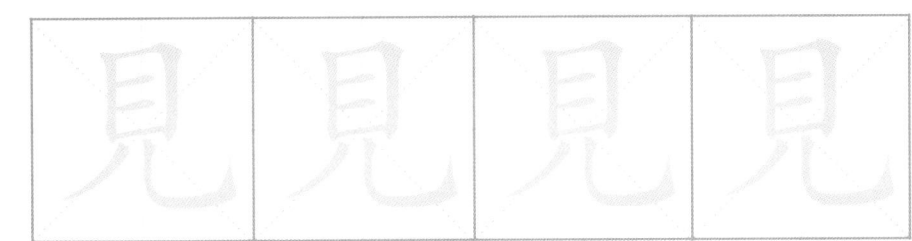

7 画 丨冂冂冂目貝見

cháng

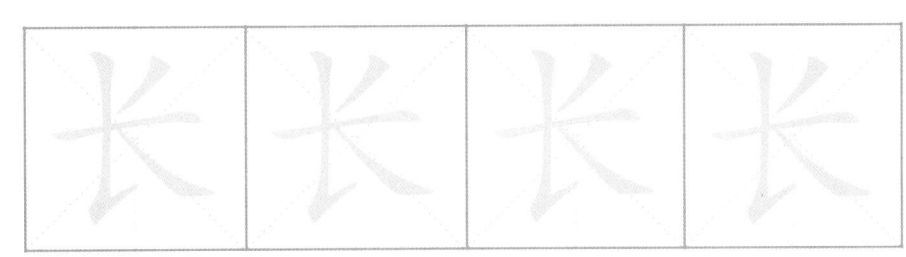

4 画 丿一匕长

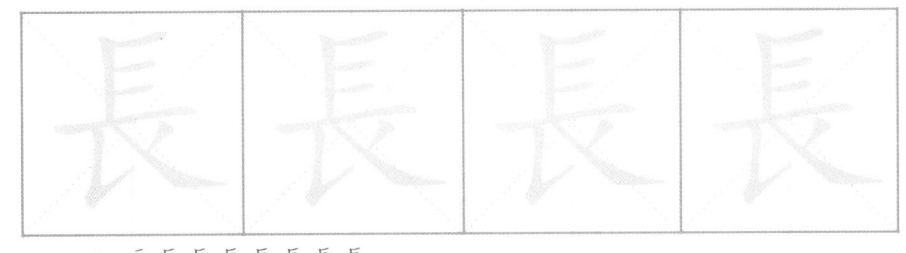

8 画 一丆丆丆玍長長長

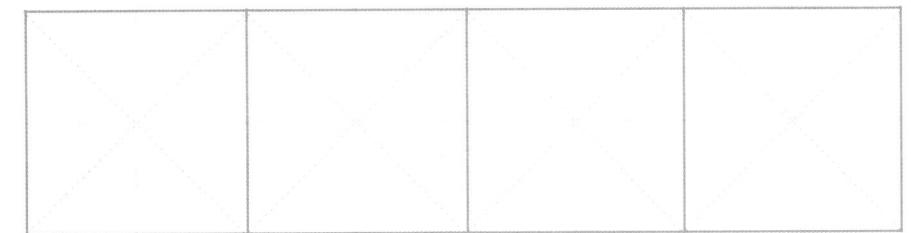

临写

门	门	门	门	门	门	门	门	门	门	门
門	門	門	門	門	門	門	門	門	門	門
车	车	车	车	车	车	车	车	车	车	车
車	車	車	車	車	車	車	車	車	車	車
马	马	马	马	马	马	马	马	马	马	马
馬	馬	馬	馬	馬	馬	馬	馬	馬	馬	馬
鸟	鸟	鸟	鸟	鸟	鸟	鸟	鸟	鸟	鸟	鸟
鳥	鳥	鳥	鳥	鳥	鳥	鳥	鳥	鳥	鳥	鳥
见	见	见	见	见	见	见	见	见	见	见
見	見	見	見	見	見	見	見	見	見	見
长	长	长	长	长	长	长	长	长	长	长
長	長	長	長	長	長	長	長	長	長	長

B5.4 练习

门	(N)	door	车	(N)	vehicle
马	(N)	horse	鸟	(N)	bird
见	(V)	see	长	(ADJ)	long

1 Write in both the full and the simplified forms

chēmén	shàngchē	xiàchē	mǎchē	rénlìchē
car door	get into (a vehicle)	get off (a vehicle)	horse-drawn carriage	rickshaw

xiǎo niǎo	bái mǎ	shǎojiàn	ménkǒu	tài cháng
small bird	white horse	seldom	doorway	too long

车	门	車	門	上	车	上	車	下	车	下
車	马	车	馬	車	人	力	车	小	鸟	鳥
鳥		白	马	小	见	見	太	长	長	

2 Colour the characters and components you recognize

他们还有不少问题。
马克思是名人，张三李四不是名人。

3 Do you recognize the scripts?

4 Who do these seals belong to?
Compare with the visiting cards in *Zhongguohua*, Lesson 1.

前导五

前导

五

B6　Compound characters　合体字

Over 90% of Chinese characters consist of two or more components (偏旁 piānpáng).
Most of the components, with slight graphic variations, also exist as individual characters.

Compound characters are made up in three basic ways:

左右结构
Zuǒ-yòu jiégòu
Left-right structure

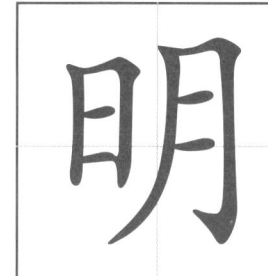 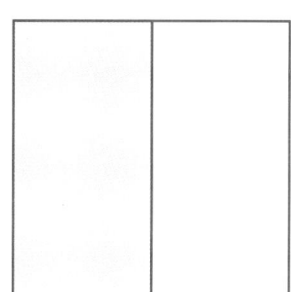

上下结构
Shàng-xià jiégòu
Top-bottom structure

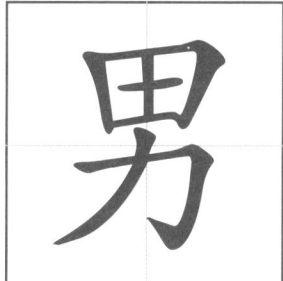 

内外结构
Nèi-wài jiégòu
Enclosed structure

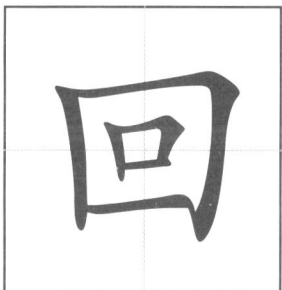 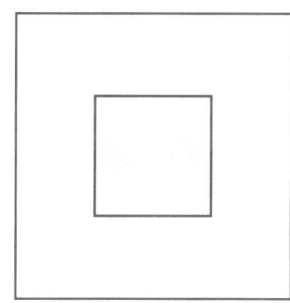

前导六

B6.1 明好杯他

míng
日 + 月

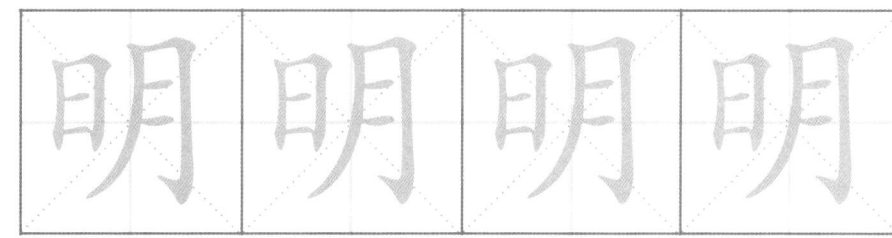

8 画 丨 冂 冂 日 旮 明 明 明

hǎo
女 + 子

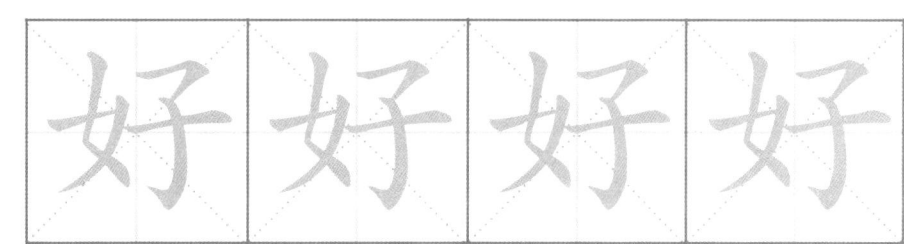

6 画 乚 乚 女 女 好 好

bēi
木 + 不

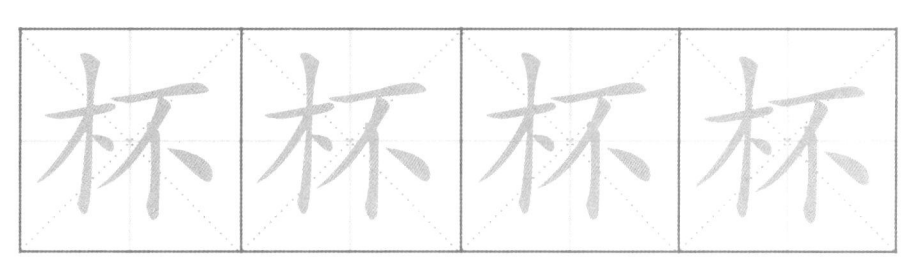

8 画 一 十 才 木 术 杧 杯 杯

tā
亻 + 也

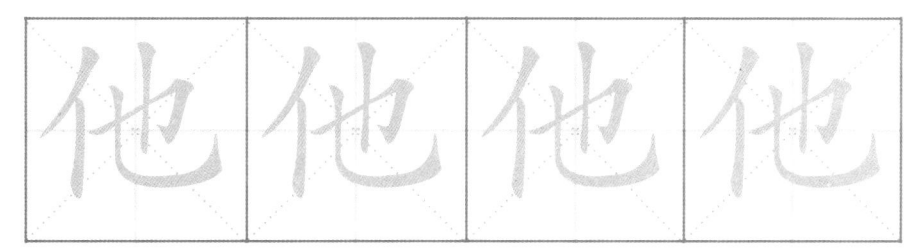

5 画 丿 亻 亻 仙 他

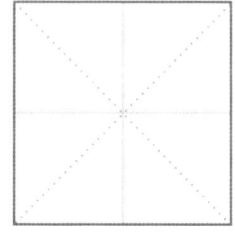

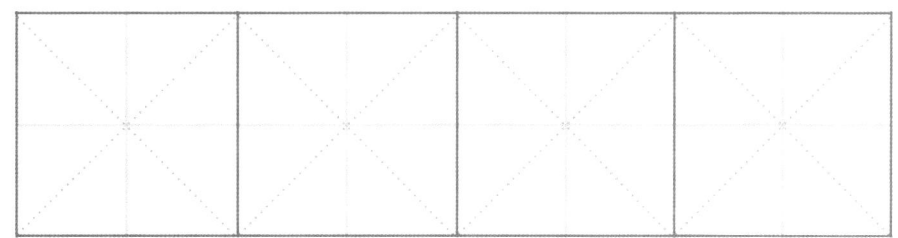

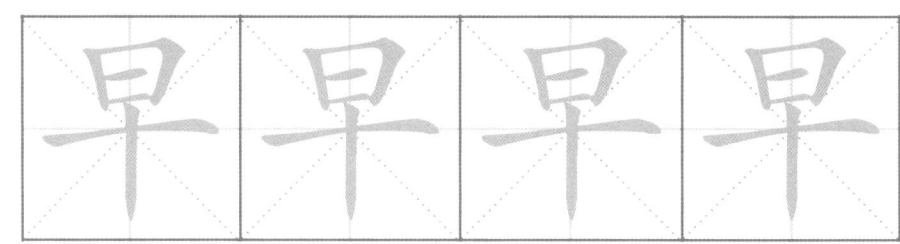

zǎo

日 十 十

6 画 丨 冂 冂 日 旦 早

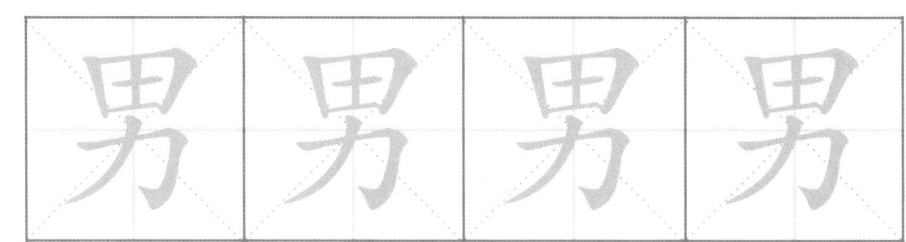

nán

田 十 力

7 画 丨 冂 冂 日 田 罗 男

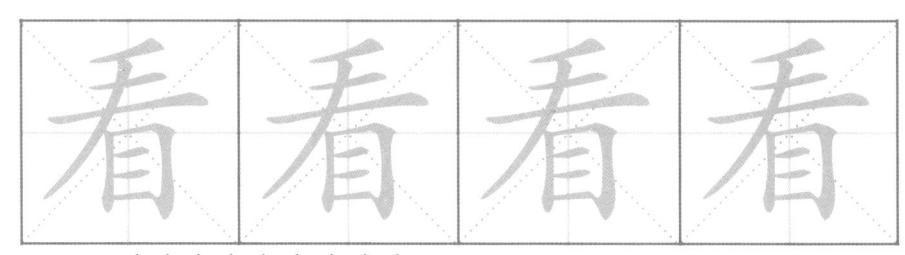

kàn

手 十 目

9 画 丿 二 三 手 手 看 看 看 看

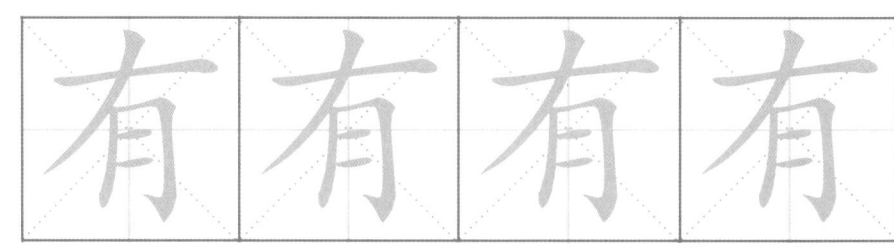

yǒu

𠂇 十 月

6 画 一 ナ 才 冇 有 有

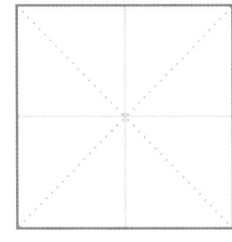
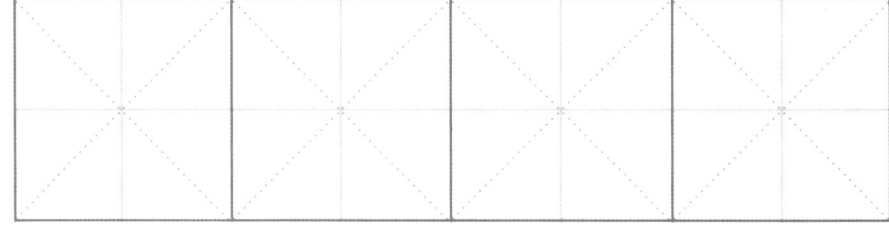

B6.3 问回国國

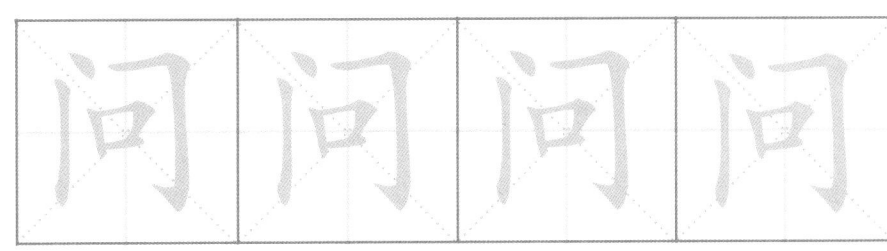

wèn [問]
门 + 口

6 画 丶丬冂冂问问问

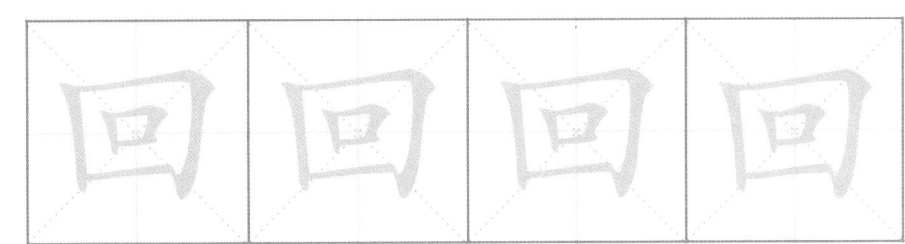

huí
囗 + 口

6 画 丨冂冂冋回回

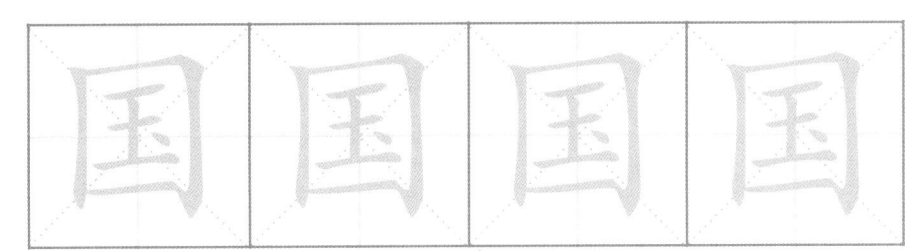

guó
囗 + 玉

8 画 丨冂冂冂用国国国

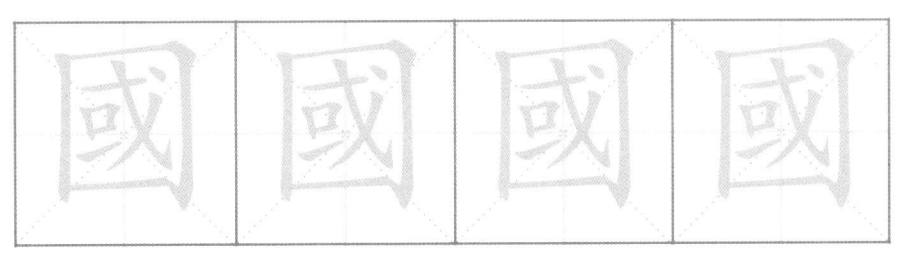

囗 + 或

11画 丨冂冂冂冋冋冋冋國國國

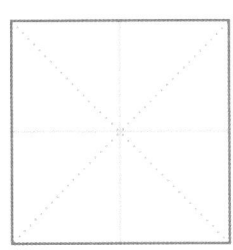

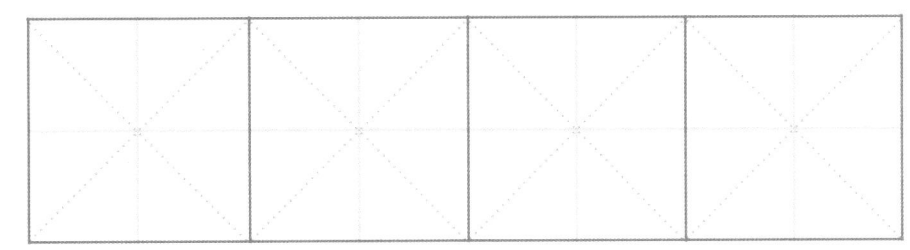

前
导
六

临写

明	明	明	明	明	明	明	明	明	明	明
好	好	好	好	好	好	好	好	好	好	好
杯	杯	杯	杯	杯	杯	杯	杯	杯	杯	杯
他	他	他	他	他	他	他	他	他	他	他
早	早	早	早	早	早	早	早	早	早	早
男	男	男	男	男	男	男	男	男	男	男
看	看	看	看	看	看	看	看	看	看	看
有	有	有	有	有	有	有	有	有	有	有
问	问	问	问	问	问	问	问	问	问	问
問	問	問	問	問	問	問	問	問	問	問
回	回	回	回	回	回	回	回	回	回	回
国	国	国	国	国	国	国	国	国	国	国
國	國	國	國	國	國	國	國	國	國	國

前导六

B6.4 练习

明	(ADJ)	bright, clear		看	(V)	see, read
好	(ADJ)	good		有	(V)	have, there is, there are
杯	(N)	cup, glass		问	(V)	ask
他	(PRO)	he		回	(V)	return
早	(ADJ)	early		国	(N)	country, state
男	(ADJ)	male				

1 Write the words

Zhōngguó   wénmíng   nánrén   bēizi   míngtiān
China   civilization man   cup   tomorrow

zǎoshang   hǎokàn   wènhǎo   huíguó
morning   good-looking send regards return to one's country

2 Describe the structure of the characters

Example: 明　左边是"日"，右边是"月"。Zuǒbian shì "rì", yòubian shì "yuè".
　　　　妈　她　如　轨　鸣　相　李　杏　古　早　间　闲

3 Write the following

Zhōngguó dà. Rìběn bú tài dà.

Zhōngguó rénkǒu bù shǎo.

Tā Qīyuè shíbā rì zǎoshang huíguó.

■　　Míngtiān kàn «Hǎo Nán Hǎo Nǚ», hǎo bù hǎo?*　　　　▲　　Hǎo, míngtiān jiàn!

明	天	看	《	好	男	好	女	》	，	好
不	好	？		好	，	明	天	見	！

* Film by Hou Hsiao-hsien, Taiwan 1995

前导六

前导六

B7 The signific 形旁

Most compound characters are composed of a signific (形旁 xíngpáng) and a phonetic (声旁 shēngpáng). The phonetic represents the pronunciation, and the signific determines which word or morpheme is meant by the sound.

In each of the three characters above, the component 相 represents the sound [ɕiaŋ]. In the first example the component 心 (xīn "heart") indicates that the character stands for the word for "think"; in the second example the component 竹 (zhú "bamboo") shows that the character stands for the word meaning "chest" or "box"; and in the third example the component 氵 (shuǐ "water") shows that the character stands for the name of a river in Hunan.

In lexicography the significs are used as index keys (部首 bùshǒu "section headers") to list the characters. Dictionaries without simplified characters use 214 keys. There are 201 recommended standard keys for dictionaries with simplified characters. About two thirds of the total number of characters are to be found under the 25 most common keys.

The commonest index keys have colloquial names:
心字底 xīnzìdǐ , 竹字头 zhúzìtóu, 三点水 sāndiǎnshuǐ (see table p.193)

Looking up the character 想 in the dictionary:

1) Find the character 心 in the list of index keys (部首目录), under 4 strokes (四画):

2) Find the character 想 in the table of characters (检字表) under the 心 key + 9 strokes:

部首目录

	一画	
16	一	
17		......
	四画	
80	灬	
81	心	
82	斗	
83	火	
84		......

检字表

	(81)	
	心部	
心		174
	一至三画	
必		36
......		
	九画	
慈		98
意		769
想		703
......		

前导七

前导七

B7.1 心思想忙

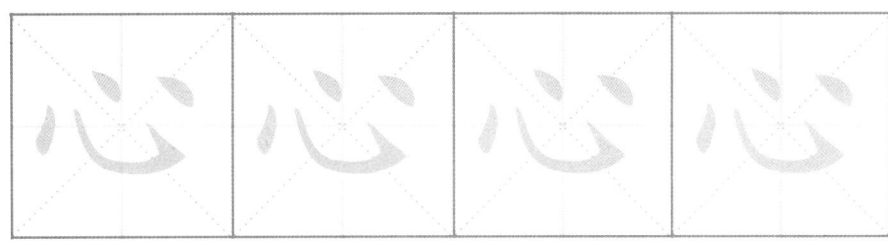

xīn
心部

4 画 丶心心心

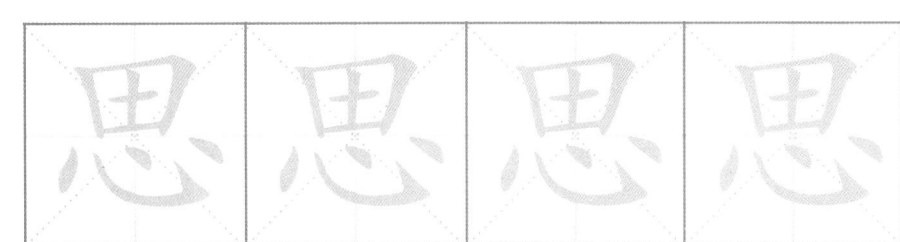

sī
心部（心字底）
田＋心

9 画 丶冂冃田田思思思

xiǎng
心部
相＋心

13画 一十才木机机相相相相想想想

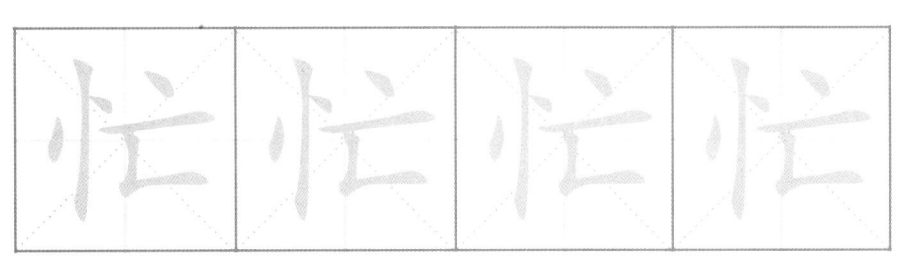

máng
忄部（竖心旁）
忄＋亡

6 画 丶丶忄忄忙忙

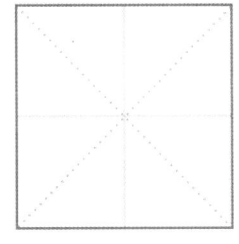
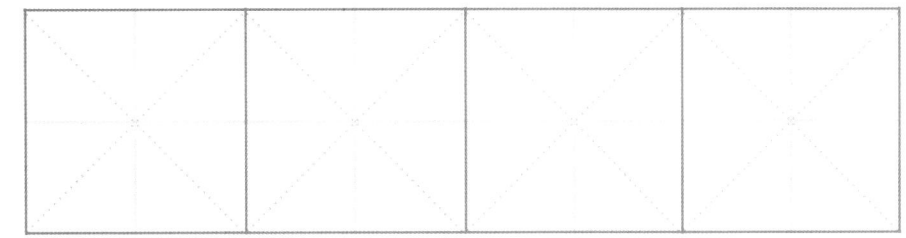

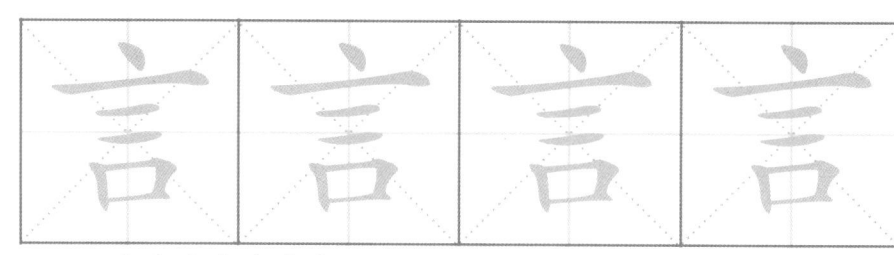

yán
言部

7 画 `一 三 言言言言

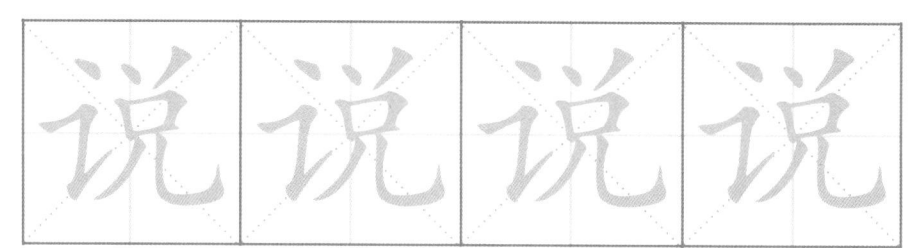

shuō [説]
讠部（言字旁）
讠+兑

9 画 `讠讠讠讠讠讠说

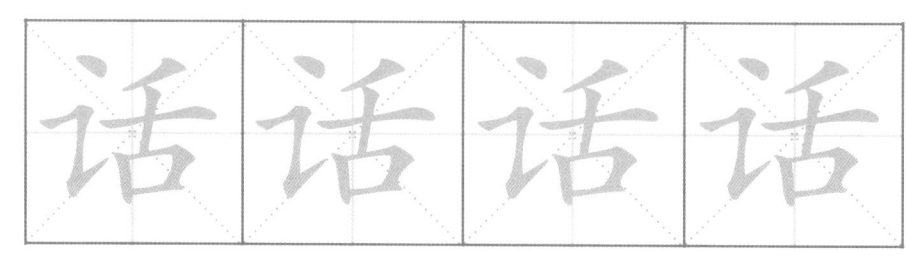

huà [話]
讠部
讠+舌

8 画 `讠讠讠讠讠话话

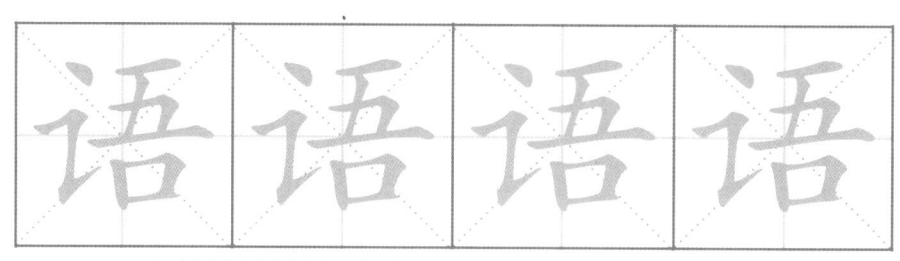

yǔ [語]
讠部
讠+吾

9 画 `讠讠讠讠语语语语

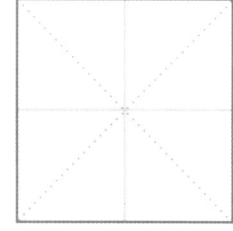
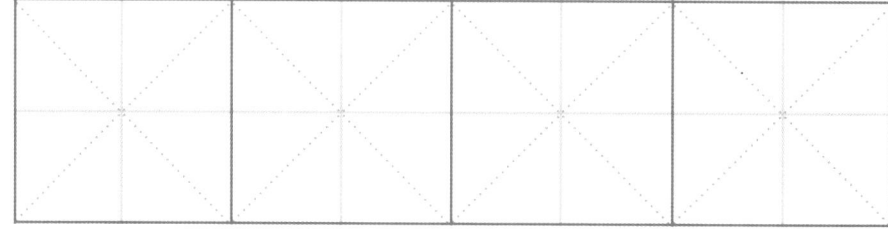

B7.3 土地坐在

tǔ
土部

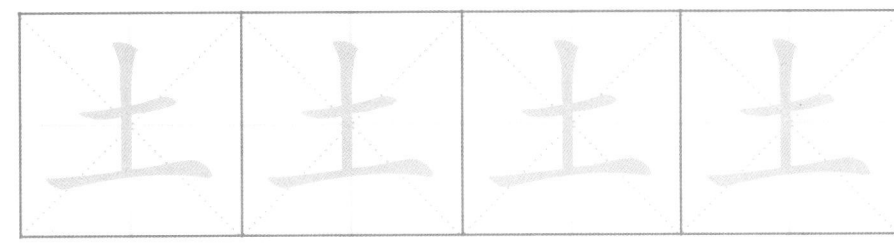

3 画 一 十 土

dì/de
土部（提土旁）
扌 + 也

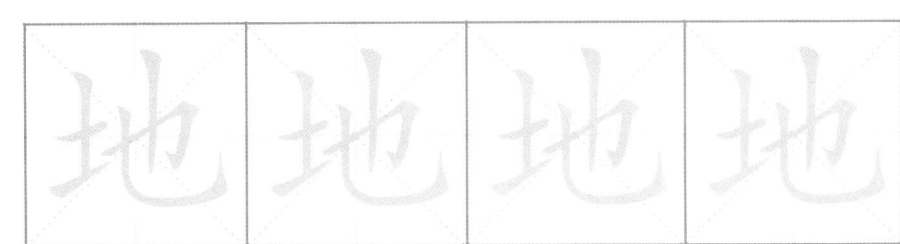

6 画 一 十 土 圳 地 地

zuò
土部
人 + 人 + 土

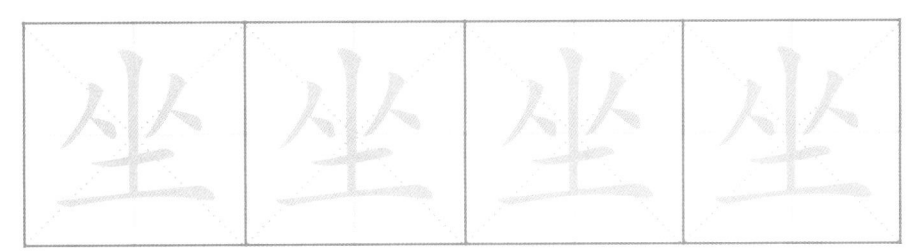

7 画 丿 人 从 丛 坐 坐

zài
土部
扌 + 土

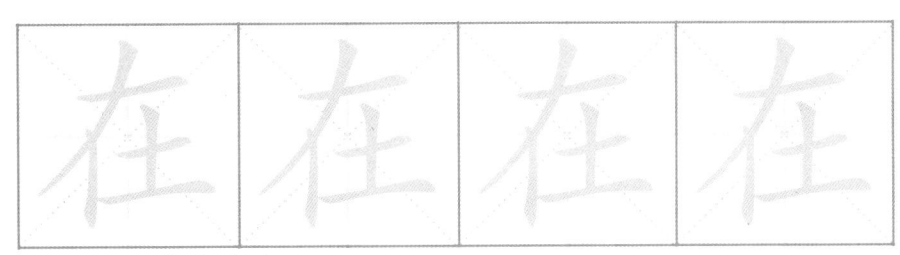

6 画 一 ナ オ 右 在 在

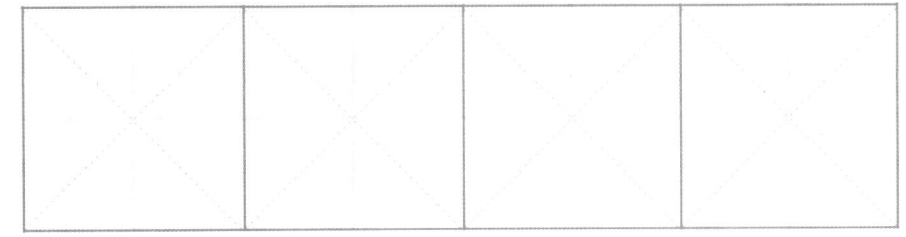

临写

心	心	心	心	心	心	心	心	心	心	心
思	思	思	思	思	思	思	思	思	思	思
想	想	想	想	想	想	想	想	想	想	想
忙	忙	忙	忙	忙	忙	忙	忙	忙	忙	忙
言	言	言	言	言	言	言	言	言	言	言
说	说	说	说	说	说	说	说	说	说	说
說	說	說	說	說	說	說	說	說	說	說
话	话	话	话	话	话	话	话	话	话	话
話	話	話	話	話	話	話	話	話	話	話
语	语	语	语	语	语	语	语	语	语	语
語	語	語	語	語	語	語	語	語	語	語
土	土	土	土	土	土	土	土	土	土	土
地	地	地	地	地	地	地	地	地	地	地
坐	坐	坐	坐	坐	坐	坐	坐	坐	坐	坐

在 在 在 在 在 在 在 在 在 在 在

前导七

B7.4 练习

心	(N)	heart		话	(N)	speech	
思(想)		thought		语	(N)	language	
想	(V)	think, like to		土	(N)	earth, land	
忙	(ADJ)	busy		地	(N)	earth, place	
(语)言		language		坐	(V)	sit, travel by (bus, train, …)	
说	(V)	say, speak		在	(V/PREP)	exist, be at/in/on; in, at	

1 Write the words

zhōngxīn — centre
xiǎoxīn — careful
shuōhuà — speak
xiǎoshuō — a novel
huíxiǎng — think back
wényán — Classical Chinese

Zhōngguóhuà — Chinese language
tǔdì — land, soil
tǔhuà — local dialect
zuò chē — travel by bus
zài chē shang — on the bus

中 心 小 心 說 話 小 說 回 想
文 言 中 國 話 土 地 土 話 坐 車
在 車 上

2 Name the index keys

Example: 说　言部 yánbù（言字旁 yánzìpáng）

好　明　杯　怎　懂　请　城　吗　孙

3 Translate the following with the help of a dictionary

用词典要知道怎么找字的部首和数笔画。

4 Write the following sentences

■　Bái tàitai máng bù máng?　　　▲　Bú tài máng.

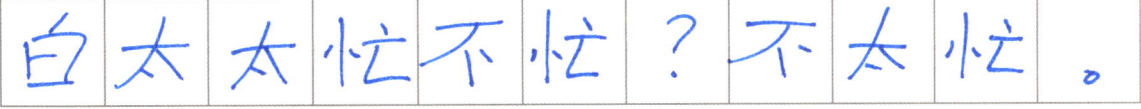

白 太 太 忙 不 忙 ？ 不 太 忙 。

Qǐngwèn, "Zhōngguóhuà" Rìyǔ zěnme shuō ?

請 問 中 國 話 日 語 怎 麼 說 ？

Tā xiǎng zuò chē shàng Zhōngguó.

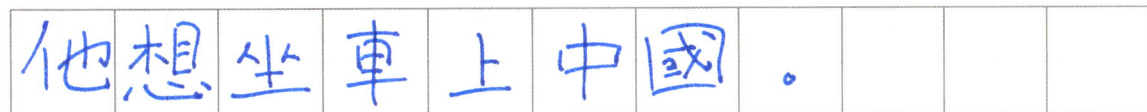

他 想 坐 車 上 中 國 。

前
导
七

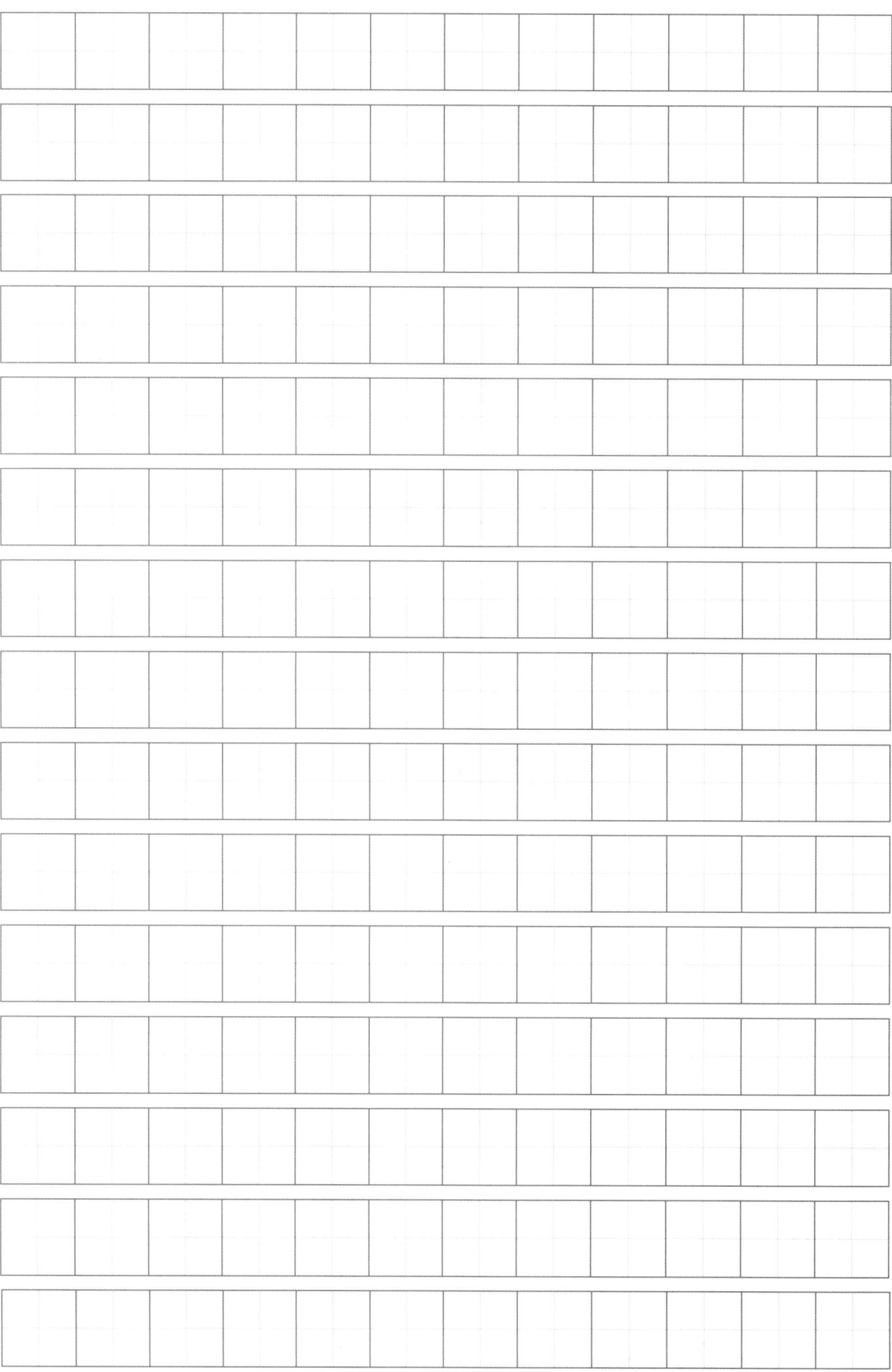

前导七

B8　The phonetic　声旁

Due to its graphic structure, Chinese writing cannot be modified in accordance with the phonetic evolution of the spoken language. Therefore, today, only about a third of phonetics perfectly represent pronunciation — same initial, same final, same tone. Twenty percent of phonetics no longer give any indication at all as to pronunciation.

Examples:

fāng	方	Initial, final and tone identical	
		fāng	邡坊芳枋
		Initial and final identical	
		fáng	防妨房肪
		fǎng	访仿彷纺
		fàng	放
gōng	工	Initial and final identical	
		gong	功攻
		Initial identical, final related	
		gang	杠缸
		Initial related, final identical	
		kong	空
		hong	红
		Initial and final related	
		kang	扛
		jiang	江
		xiang	项

In their written form, homophones do not always have the same graphic components.

| 工共公弓 | Initial, final and tone identical, written form different | |
| | gōng | 功恭蚣躬 |

参考：李燕、康加深《现代汉语形声字声符研究》，陈原主编《现代汉语用字信息分析》，上海教育出版社，1993。

朱骏声（清）《说文通训定声》，台北世界书局影印本，1966。

前导八

前导八

B8.1 方访放房

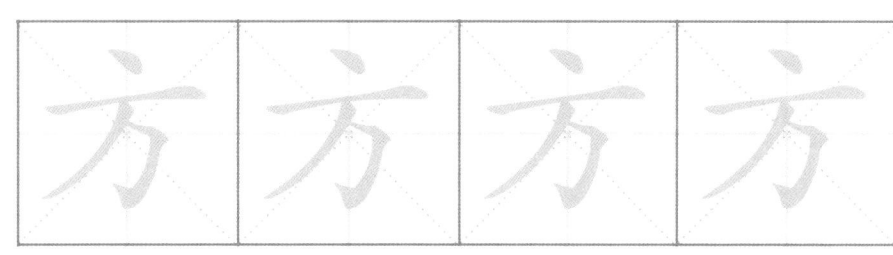

fāng
方部

4 画 丶 亠 方 方

fǎng [訪]
讠部（言字旁）
讠 + 方 fāng

6 画 丶 讠 讠 讠 访 访

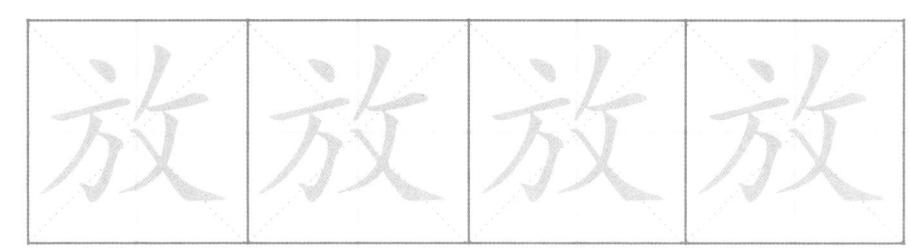

fàng
攵部（反文旁）
方 fāng + 攵

8 画 丶 亠 方 方 方 放 放

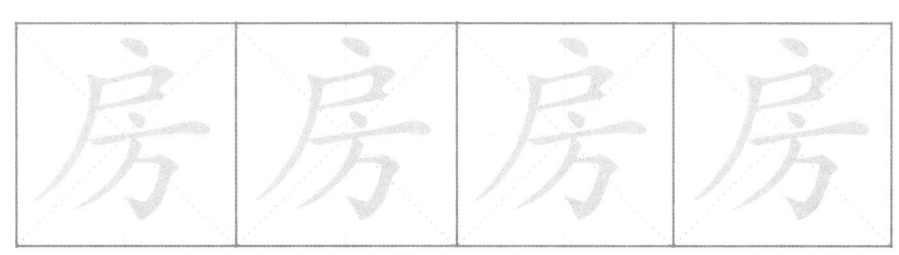

fáng
户部
户 + 方 fāng

8 画 丶 亠 亠 户 户 庐 房 房

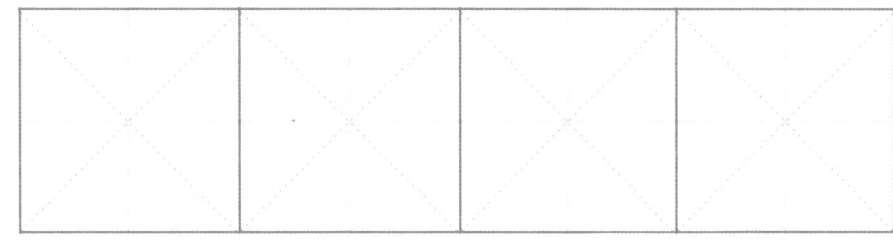

前导八

kě
口部

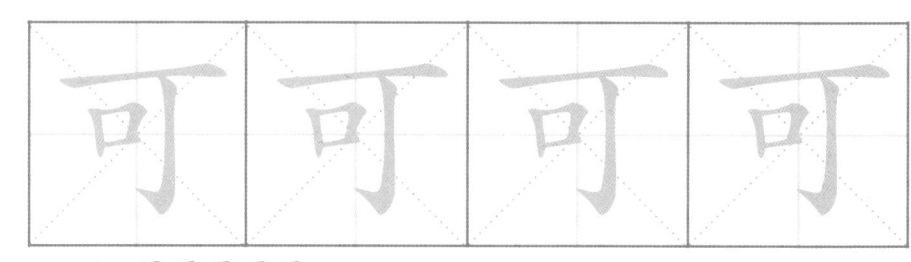

5 画 一 丆 丆 丆 可 可

hé
氵部（三点水）
氵+ 可 kě

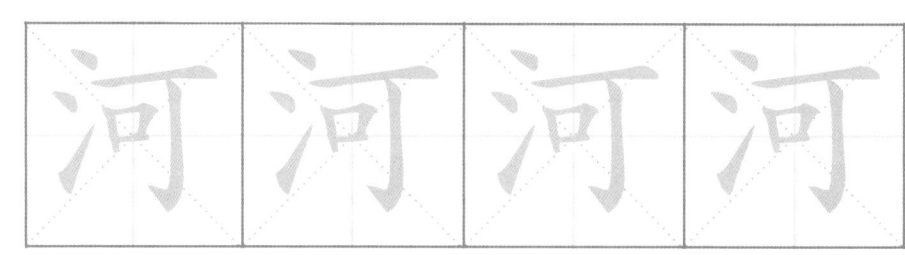

8 画 丶 丶 氵 沪 沪 沪 河 河

gē
口部
可 kě + 可 kě

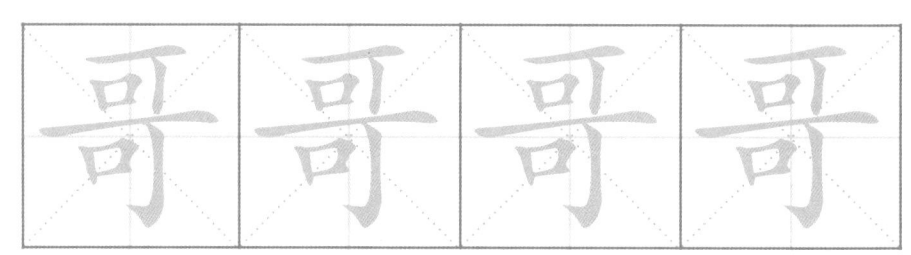

10画 一 丆 丆 丆 可 可 哥 哥 哥 哥

gē
欠部
哥 gē + 欠

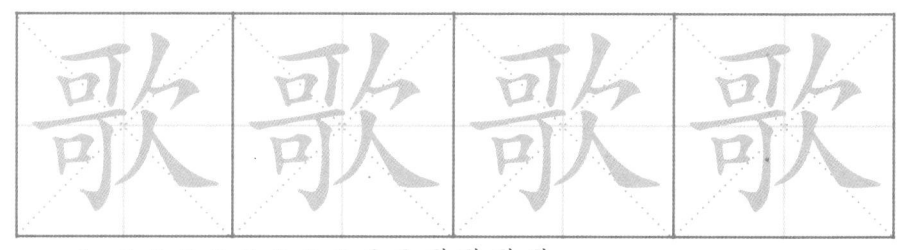

14画 一 丆 丆 丆 可 可 哥 哥 哥 哥 歌 歌 歌 歌

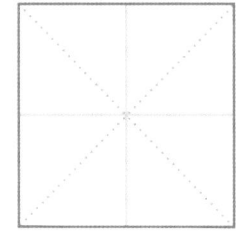

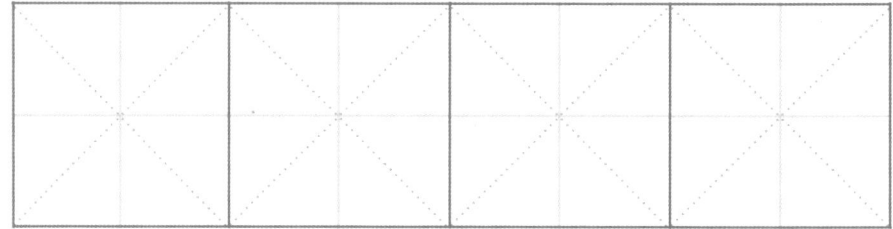

B8.3 工空红江

gōng
工部

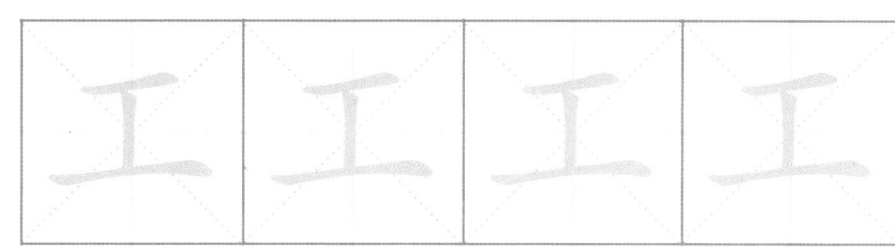

3 画　一 丁 工

kòng
穴部
穴 + 工 gōng

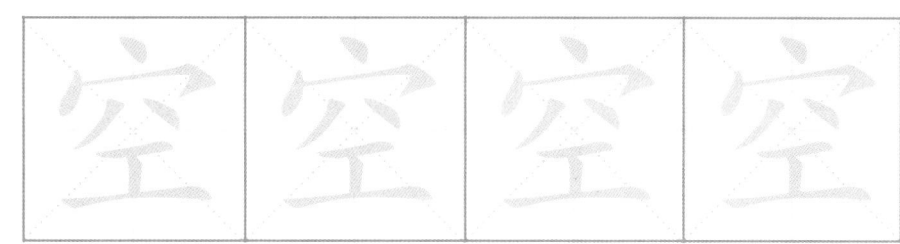

8 画　丶 丷 宀 宀 宀 空 空 空

hóng [紅]
纟部（绞丝旁）
纟 + 工 gōng

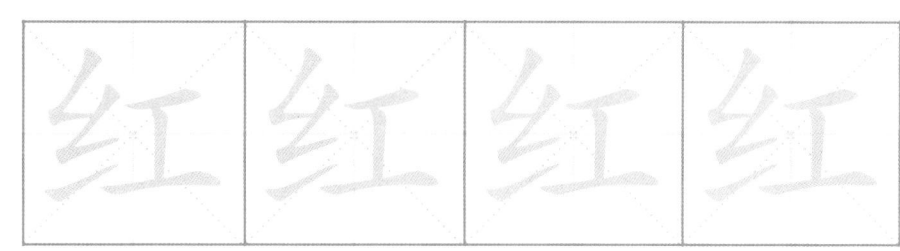

6 画　纟 纟 纟 纟 红 红

jiāng
氵部（三点水）
氵 + 工 gōng

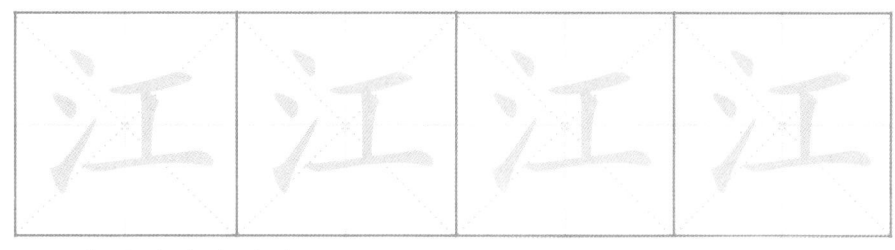

6 画　丶 丶 氵 汀 江 江

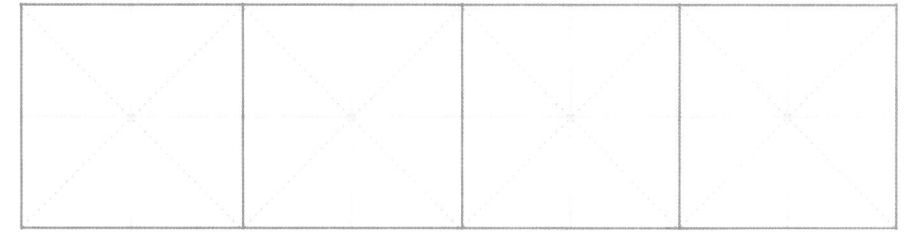

临写

方	方	方	方	方	方	方	方	方	方
访	访	访	访	访	访	访	访	访	访
訪	訪	訪	訪	訪	訪	訪	訪	訪	訪
放	放	放	放	放	放	放	放	放	放
房	房	房	房	房	房	房	房	房	房
可	可	可	可	可	可	可	可	可	可
河	河	河	河	河	河	河	河	河	河
哥	哥	哥	哥	哥	哥	哥	哥	哥	哥
歌	歌	歌	歌	歌	歌	歌	歌	歌	歌
工	工	工	工	工	工	工	工	工	工
空	空	空	空	空	空	空	空	空	空
红	红	红	红	红	红	红	红	红	红
紅	紅	紅	紅	紅	紅	紅	紅	紅	紅
江	江	江	江	江	江	江	江	江	江

前导八

B8.4 练习

方	(N)	square, place	哥	(N)	elder brother
访	(V)	visit	歌	(N)	song
放	(V)	put, place	工	(N)	work
房	(N)	house, room	空	(N)	spare time
可	(MV/CONJ)	can, may; but	红	(ADJ)	red
河	(N)	river	江	(N)	river

1 Write the words

dìfang — place
fāngyán — dialect
fǎngwèn — visit
fángzi — house
gōngrén — worker
kěkǒu — tasty
gēshǒu — singer

gēge — elder brother
Hóng Hé — the Red River
Cháng Jiāng — the Yangtze River
fàngzài dì shang — put down on the floor
fàngxīn — rest assured

2 In each pair, compare initials, finals and tones

中	相	子	早	方	门	见	少	白
钟	想	字	草	旁	问	现	炒	怕

3 Write the following sentences

Zhōngguó yǒu bù shǎo fāngyán.

■ Tā míngtiān yǒu kòng ma?   ▲ Yǒu kòng.

Rìběnrén Tiánzhōng xiǎng fǎngwèn Zhōngguó.

前导八

B9 Character simplification II 汉字简化（二）

There are now 2235 simplified character forms which are standard characters in Mainland China and Singapore. 350 of them are independent characters, 135 are characters that can serve as simplified components, and 14 are simplified components.

80% of the standard simplified characters had for centuries already been in wide, everyday and unofficial use as popular forms (俗体字 sútǐzì) or variant forms (异体字 yìtǐzì).

Characters were simplified (i.e. the number of strokes reduced) in several different ways:

1 草、行书楷化
Cǎo-、xíngshū kǎihuà — by forms derived from cursive or semi-cursive scripts

書	學	當	買
书	学	当	买

2 保留特征
Bǎoliú tèzhēng — by retaining only the typical feature

開	從	聲	飛
开	从	声	飞

3 换用音符
Huànyòng yīnfú — by replacing the phonetic

種	達	遠	進
种	达	远	进

4 同音代替
Tóngyīn dàitì — by substituting a homophonous character

個	纔	穀	瞭
个	才	谷	了

5 记号代替
Jìhào dàitì — by substituting a sign

漢	對	區	劉
汉	对	区	刘

参考：李乐毅《简化字源》，华语教学出版社，1996。

前导九

前导
九

B9.1 书書学學

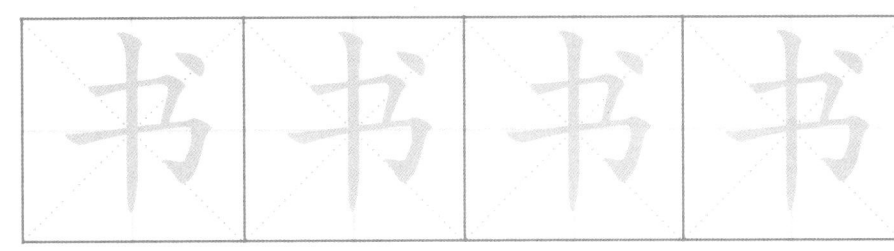

shū
丨部

4 画　乛乛书书

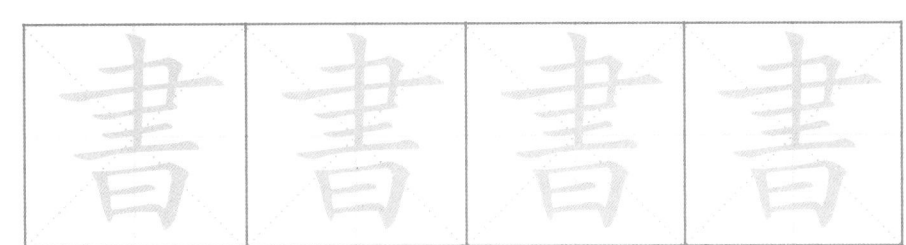

日部
聿＋日

10画　乛乛彐彐聿聿書書書書

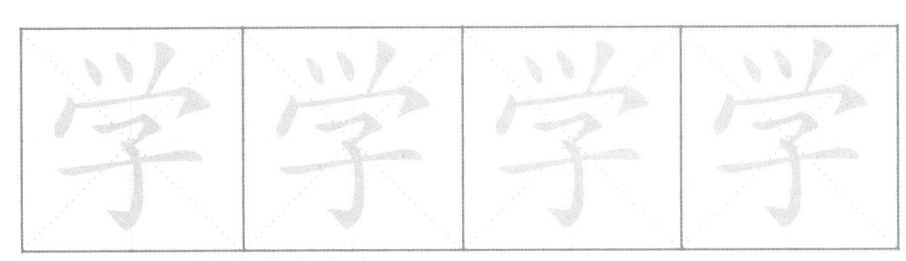

xué
子部
⺍＋子

8 画　丶丷丷丷⺍⺍学学学

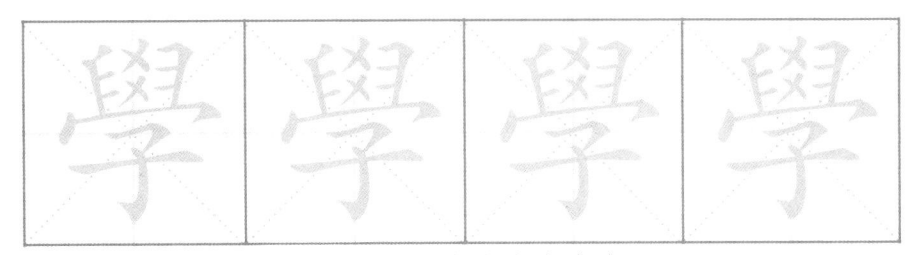

子部
𦥯＋子

16画　丶丆斤斤斤斤斤臼臼臼臼臼臼學學學

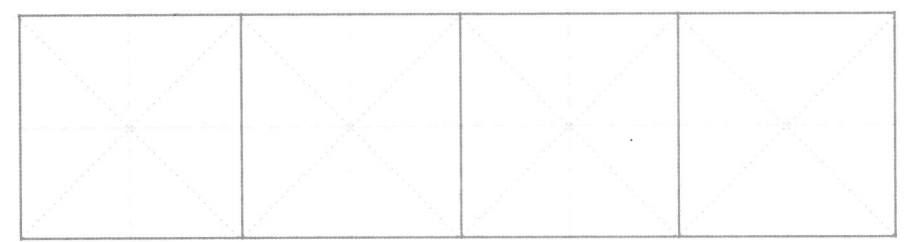

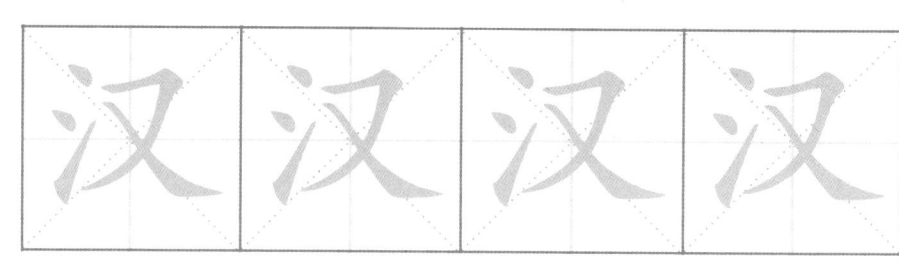

hàn

氵部（三点水）

氵＋又

5 画 `` `` 氵 汋 汉

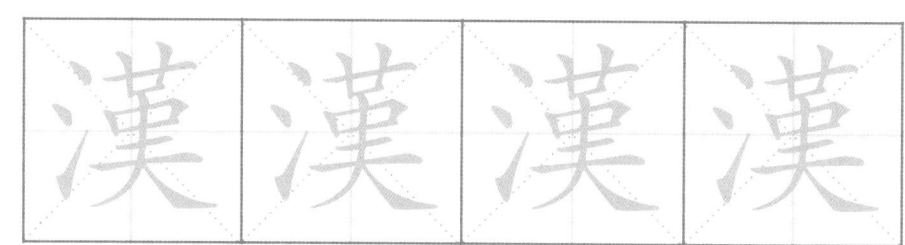

水部

氵＋莫

14画 `` `` 氵 氵 汁 汁 汁 汁 汁 渄 渄 漢 漢

kāi

一部

4 画 一 二 于 开

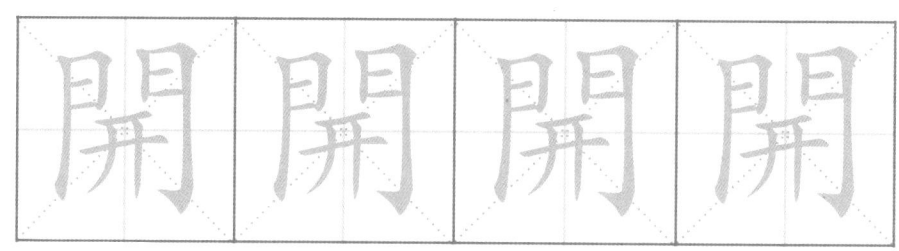

門部

門 ＋ 开

12画 丨 丨 丨 丨 丨 門 門 門 門 閂 開 開

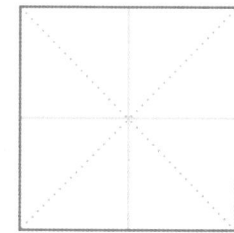

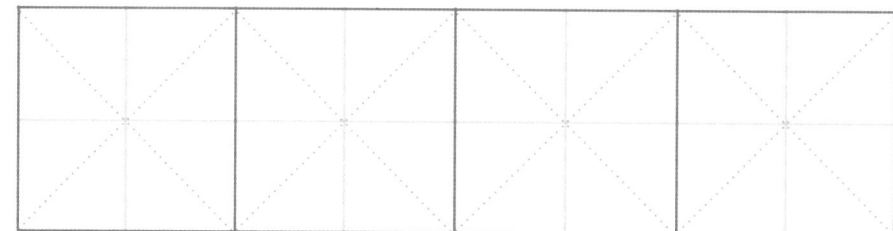

B9.3 种種个個

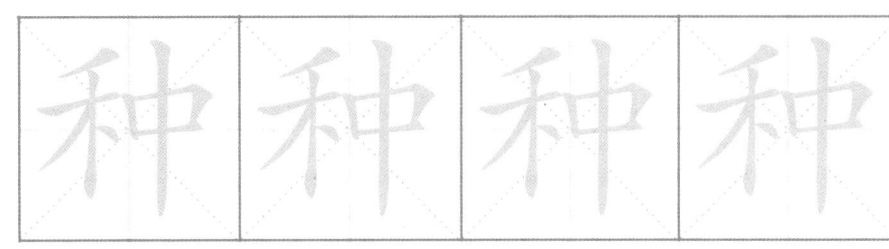

zhǒng
禾部（禾木旁）
禾 + 中 zhōng

9 画 ノ 二 千 禾 禾 禾 和 和 种

禾部
禾 + 重 zhòng

14画 ノ 二 千 禾 禾 禾 秆 秆 秆 秆 種 種

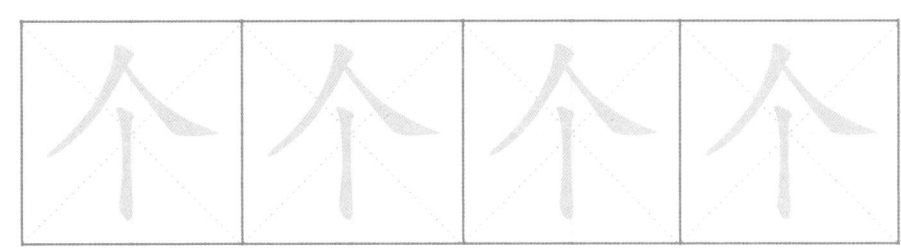

gè
人部
人 + 1

3 画 ノ 人 个

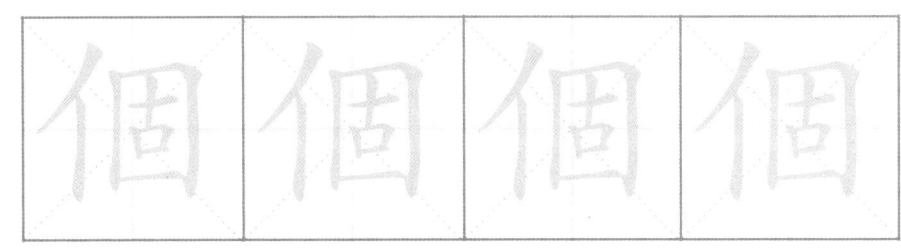

人部
亻 + 固 gù

10画 ノ 亻 亻 们 们 們 們 個 個 個

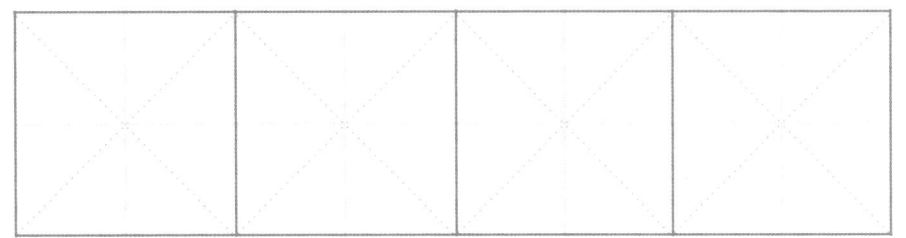

书	书	书	书	书	书	书	书	书	书	书
書	書	書	書	書	書	書	書	書	書	書
学	学	学	学	学	学	学	学	学	学	学
學	學	學	學	學	學	學	學	學	學	學
汉	汉	汉	汉	汉	汉	汉	汉	汉	汉	汉
漢	漢	漢	漢	漢	漢	漢	漢	漢	漢	漢
开	开	开	开	开	开	开	开	开	开	开
開	開	開	開	開	開	開	開	開	開	開
种	种	种	种	种	种	种	种	种	种	种
種	種	種	種	種	種	種	種	種	種	種
个	个	个	个	个	个	个	个	个	个	个
個	個	個	個	個	個	個	個	個	個	個

B9.4 练习

书	(N)	book, script	开	(V)	open
学	(V/N)	learn; subject of study	种	(N)	kind, sort
汉	(PN)	Han ethnic group, Chinese	个	(CL)	(non-specific classifier)

1 Write the words

Hànxué — sinology
Hànrén — Han people
Hànyǔ — Chinese
zhōngxué — middle school
dàxué — university
wénxué — literature

kànshū — read a book
qī běn shū — seven books
kāimén — open the door
kāichē — drive a car
kāixué — begin a term
sān zhǒng fāngyán — three dialects

漢 學 漢 人 漢 語 中 學 大 學

文 學 看 書 七 本 書 開 門 開 車

開 學 三 種 方 言

2 How were the following characters simplified?

習	习	xí	東	东	dōng
讓	让	ràng	後	后	hòu
聽	听	tīng	認	认	rèn
鄧	邓	dèng	億	亿	yì

3 Write in simplified characters

張　們　聞　連　腫　凍　覺　鵝　難　媽

4 Write the sentences

(yī) Wéndì shuō sì zhǒng yǔyán. Tā shàng dàxué xué yǔyánxué, yě xué Hànxué.

(èr) Mǎkě xiǎng zài Zhōngguó xué Zhōngguó wénxué. Tā xiǎng kàn Zhōngwén xiǎoshuō.

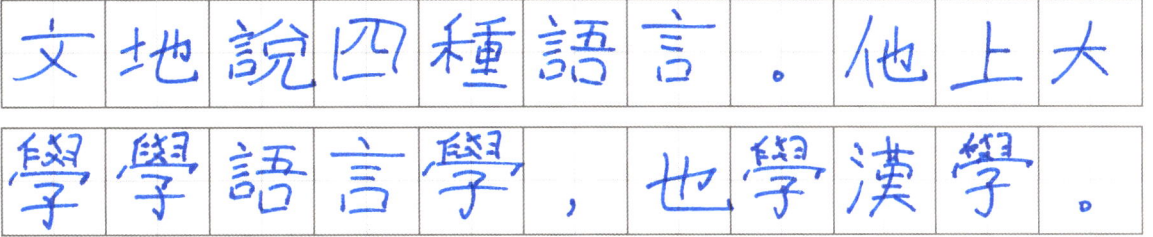

文 地 說 四 種 語 言 。 他 上 大

學 學 語 言 學 ， 也 學 漢 學 。

前导九

《中国话》字选

爸吧半饱北必边邊部菜差茶常炒吃穿次从從醋打到道德的得
等弟第点點电電东東都对對多儿兒法饭飯费費分服父该該跟
狗夠关關馆館过過还還孩海行喝黑很后後候湖花会會火鸡雞
几幾家假饺餃叫姐今全京酒就烤刻裤褲筷况来來冷吗嗎买買
卖賣么麼没妹米面麵名没母哪那南能你年您瓶期前钱錢亲親
青情请請去热熱肉谁誰什生省时時食什市事是熟首熟谁誰水
送酸岁歲她汤湯堂糖烫燙题題听聽头頭碗闻聞我西先现現香
鞋写寫谢謝新星行省姓兄须須羊样樣要衣以银銀应應英用雨
再怎找这這知猪豬煮装裝资資字最作爸吧半饱北必边邊部菜
差茶常炒吃穿次从從醋打到道德的得等弟第点點电電东東都
对對多儿兒法饭飯费費分服父该該跟狗夠关關馆館过過还還
孩海行喝黑很后後候湖花会會火鸡雞几幾家假饺餃叫姐今全
京酒就烤刻裤褲筷况来來冷吗嗎买買卖賣么麼没妹米面麵名
没母哪那南能你年您瓶期前钱錢亲親青情请請去热熱肉谁誰
什生省时時食什市事是熟首熟谁誰水送酸岁歲她汤湯堂糖烫
燙题題听聽头頭碗闻聞我西先现現香鞋写寫谢謝新星行省姓
兄须須羊样樣要衣以银銀应應英用雨再怎找这這知猪豬煮装
装资資字最作爸吧半饱北必边邊部菜差茶常炒吃穿次从從醋

打到道德的得等弟第点點电電东東都对對多儿兒法饭飯费費
分服父该該跟狗夠关關馆館过過还還孩海行喝黑很后後候湖
花会會火鸡雞几幾家假饺餃叫姐今金京酒就烤刻裤褲筷况来
來冷吗嗎买買卖賣么麼没妹米面麵名没母哪那南能你年您瓶
期前钱錢亲親青情请請去热熱肉谁誰什生省时時食什市事是
熟首熟谁誰水送酸岁歲她汤湯堂糖烫燙题題听聽头頭碗闻聞
我西先现現香鞋写寫谢謝新星行省姓兄须須羊样樣要衣以银
銀应應英用雨再怎找这這知猪豬煮装裝资資字最作爸吧半饱
北必边邊部菜差茶常炒吃穿次从從醋打到道德的得等弟第点
點电電东東都对對多儿兒法饭飯费費分服父该該跟狗夠关關
馆館过過还還孩海行喝黑很后後候湖花会會火鸡雞几幾家假
饺餃叫姐今金京酒就烤刻裤褲筷况来來冷吗嗎买買卖賣么麼
没妹米面麵名没母哪那南能你年您瓶期前钱錢亲親青情请請
去热熱肉谁誰什生省时時食什市事是熟首熟谁誰水送酸岁歲
她汤湯堂糖烫燙题題听聽头頭碗闻聞我西先现現香鞋写寫谢
謝新星行省姓兄须須羊样樣要衣以银銀应應英用雨再怎找这
這知猪豬煮装裝资資字最作爸吧半饱北必边邊部菜差茶常炒
吃穿次从從醋打到道德的得等弟第点點电電东東都对對多儿
兒法饭飯费費分服父该該跟狗夠关關馆館过過还還孩海行喝
黑很后後候湖花会會火鸡雞几幾家假饺餃叫姐今金京酒就烤
刻裤褲筷况来來冷吗嗎买買卖賣么麼没妹米面麵名没母哪那
南能你年您瓶期前钱錢亲親青情请請去热熱肉谁誰什生省时
時食什市事是熟首熟谁誰水送酸岁歲她汤湯堂糖烫燙题題听

L1.1 生姓她吗再

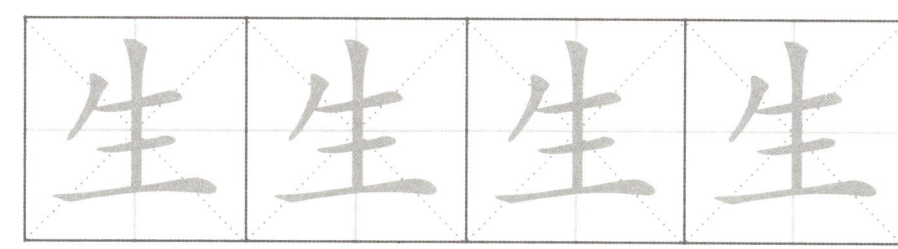

shēng
生部

5 画 丿 ㇏ 乍 牛 生

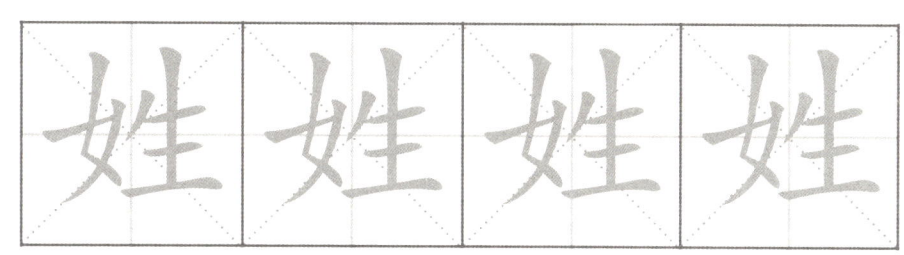

xìng
女部（女字旁）
女 + 生 shēng

8 画 乙 ㄈ 女 女 女 姐 姓 姓

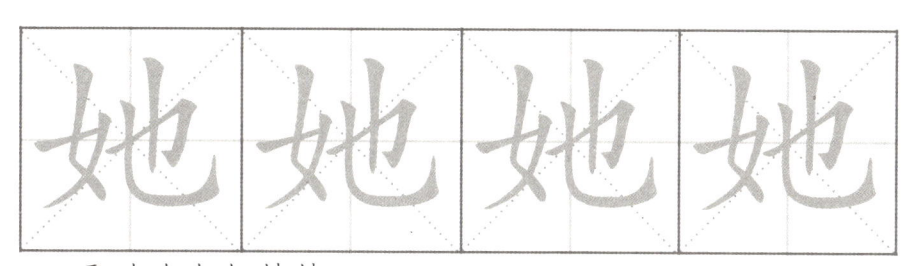

tā
女部（女字旁）
女 + 也

6 画 乙 ㄈ 女 如 如 她

吗吗吗吗

ma [嗎]
口部（口字旁）
口 + 马 mǎ

6 画 丨 ㄇ 口 口 吗 吗

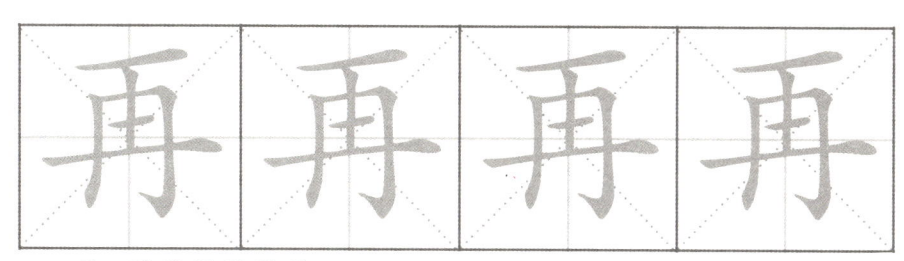

zài
冂部

6 画 一 ㄒ 厅 币 再 再

第一课

临写

生 生 生 生 生 生 生 生 生 生 生 生

姓 姓 姓 姓 姓 姓 姓 姓 姓 姓 姓 姓

她 她 她 她 她 她 她 她 她 她 她 她

吗 吗 吗 吗 吗 吗 吗 吗 吗 吗 吗 吗

嗎 嗎 嗎 嗎 嗎 嗎 嗎 嗎 嗎 嗎 嗎 嗎

再 再 再 再 再 再 再 再 再 再 再 再

L1.2 叫名多字家

jiào
口部（口字旁）
口＋丩 jiū

5 画 丨丨丨口叫叫

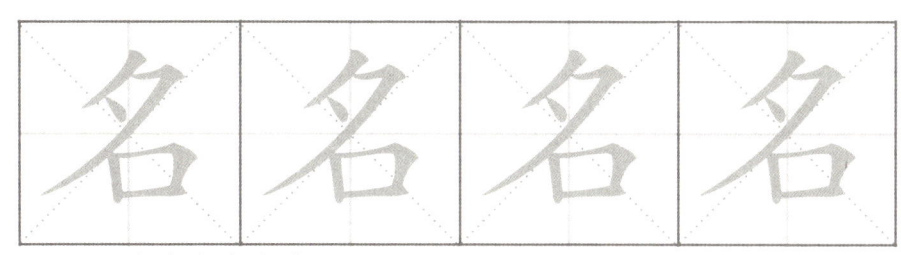

míng
口部
夕＋口

6 画 丿夕夕夕名名

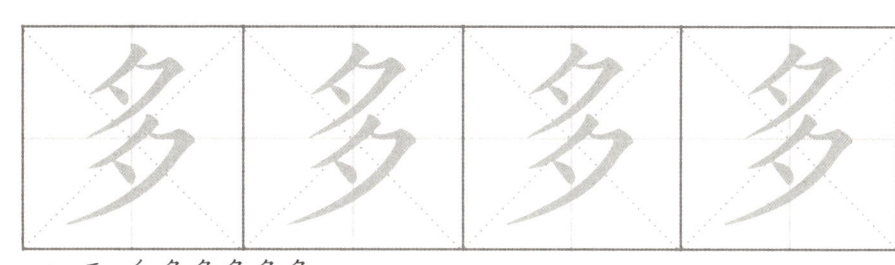

duō
夕部
夕＋夕

6 画 丿夕夕夕多多

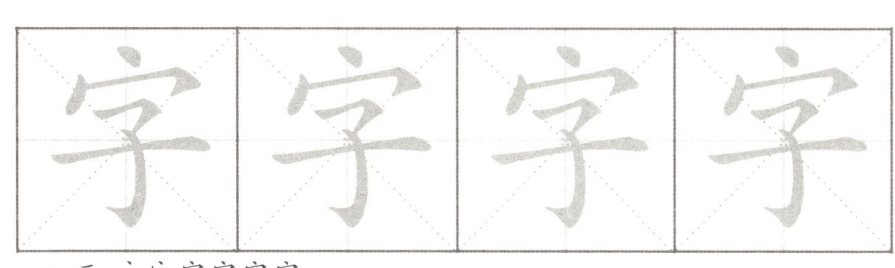

zì
宀部（宝盖）
宀＋子 zǐ

6 画 丶丶宀宀字字

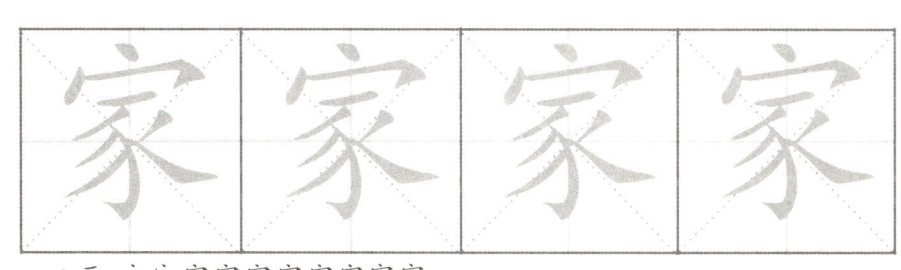

jiā
宀部（宝盖）
宀＋豕

10 画 丶丶宀宀宁宁宇家家家

第一课

临写

叫	叫	叫	叫	叫	叫	叫	叫	叫	叫	叫	叫

名	名	名	名	名	名	名	名	名	名	名	名

多	多	多	多	多	多	多	多	多	多	多	多

字	字	字	字	字	字	字	字	字	字	字	字

家	家	家	家	家	家	家	家	家	家	家	家

第一课

shén
亻部（单立人）
亻+十 shí

4画 ノイ仁什

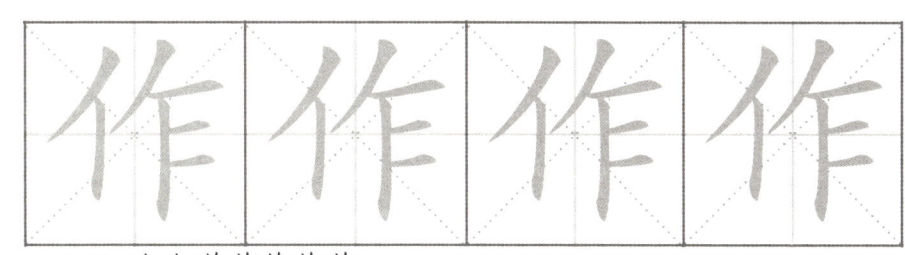

zuò
亻部（单立人）
亻+乍 zhà

7画 ノイイ亿竹作作

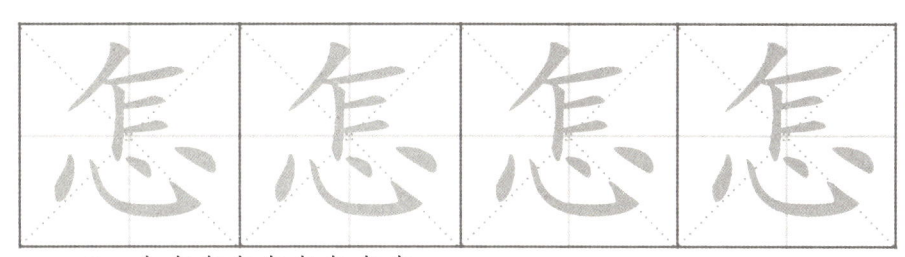

zěn
心部（心字底）
乍 zhà +心

9画 ノ仁仁仁乍乍怎怎怎

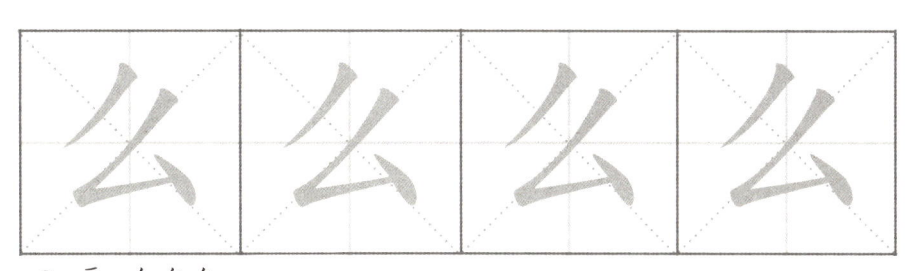

me
丿部

3画 ノ么么

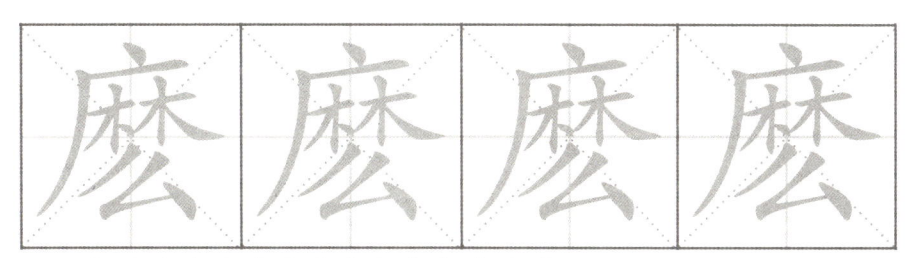

麻部
麻+么

14画 丶亠广广广庐庐庐庐麻麻麼麼麼

临写

什　什　什　什　什　什　什　什　什　什　什　什

作　作　作　作　作　作　作　作　作　作　作　作

怎　怎　怎　怎　怎　怎　怎　怎　怎　怎　怎　怎

么　么　么　么　么　么　么　么　么　么　么　么

麼　麼　麼　麼　麼　麼　麼　麼　麼　麼　麼　麼

L1.4　谁谢是题题

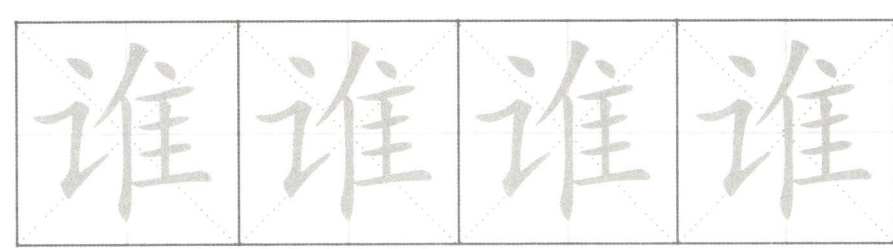

shuí（又音shéi）[誰]
讠部（言字旁）
讠＋隹 zhuī

10画 ` 讠 讠 讠 讠 讠 讠 讠 谁 谁

xiè [謝]
讠部（言字旁）
讠＋射 shè

12画 ` 讠 讠 讠 讠 讠 讠 讠 讠 谢 谢

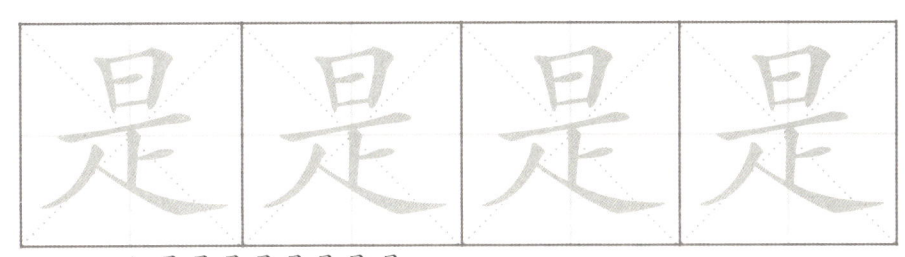

shì
日部
日＋疋

9画 丨 冂 日 日 旦 早 昊 昙 是

tí
页部
是 shì ＋页

15画 丨 冂 日 日 旦 早 昊 昙 是 是 是 题 题 题 题

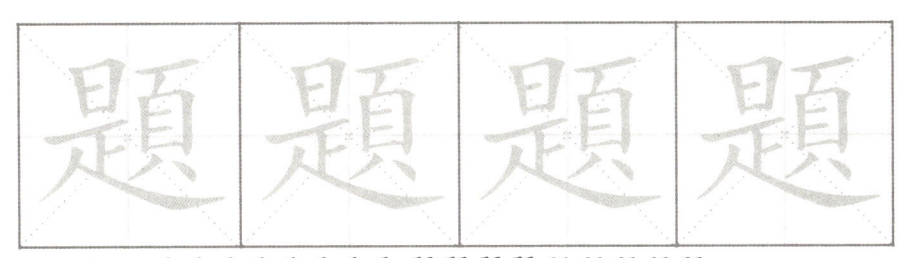

頁部
是 shì ＋頁

18画 丨 冂 日 日 旦 早 昊 昙 是 是 是 题 题 题 题 题 题 题

第一课

临写

谁	谁	谁	谁	谁	谁	谁	谁	谁	谁	谁

誰	誰	誰	誰	誰	誰	誰	誰	誰	誰	誰

谢	谢	谢	谢	谢	谢	谢	谢	谢	谢	谢

謝	謝	謝	謝	謝	謝	謝	謝	謝	謝	謝

是	是	是	是	是	是	是	是	是	是	是

题	题	题	题	题	题	题	题	题	题	题

題	題	題	題	題	題	題	題	題	題	題

L1.5 练习

1   写汉字

(yī)   ■ Tā jiào shénme míngzi?

          ▲ Tā xìng Bái, jiào Bái Chángwén.

(èr)   ■ Shéi shì Tián Hàn?

          ▲ Tián Hàn shì Zhōngguó míngrén. Tā shì zuòjiā.

(sān) ■ "Goodbye" Hànyǔ zěnme shuō?

          ▲ Hànyǔ shuō "zàijiàn".

(sì)   Zhōngguó xiǎoxuéshēng xué duōshao Hànzì?

(wǔ)   Duō xiè, duō xiè!

第一课

2　　　阅读

三木多一是日本学生，他学中国文学。三木多一日语是 Miki Taichi.

问题：
他姓三吗？
他是中国人吗？
他学什么？
Miki 汉语怎么说？

3　　　例字

[亻部]　　　[心部]　　　[女部]　　　[口部]　　　[讠部]　　　[日部]
　他　　　　　想
　们
　個
　亻

4　　　作文《我们学的汉字》

第一课

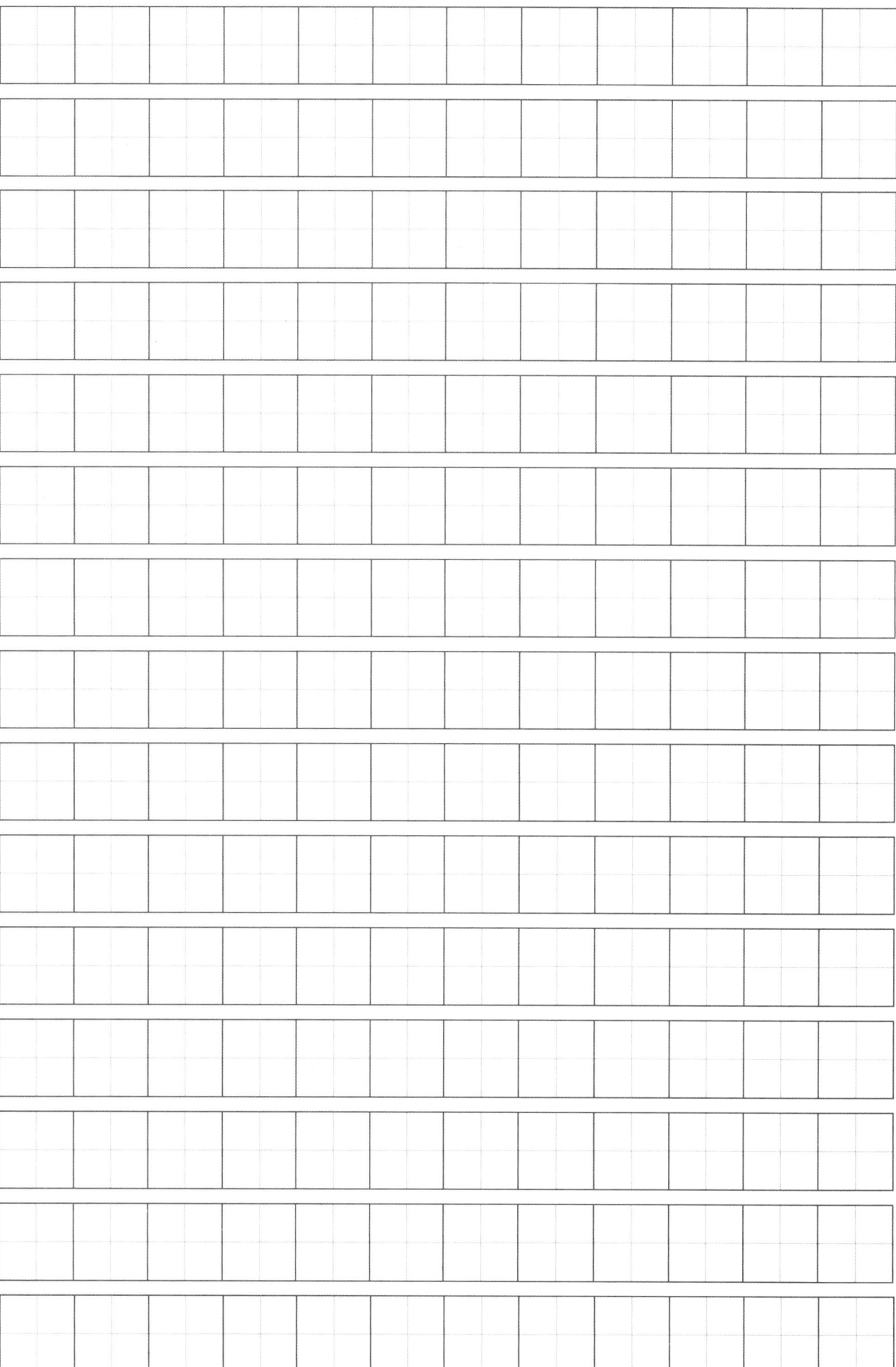

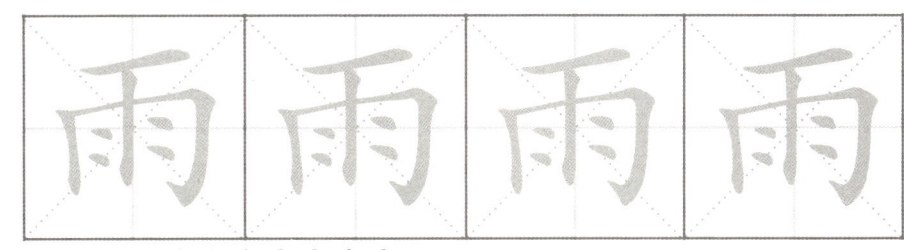

yǔ
雨部

8 画　一丆冂币雨雨雨雨

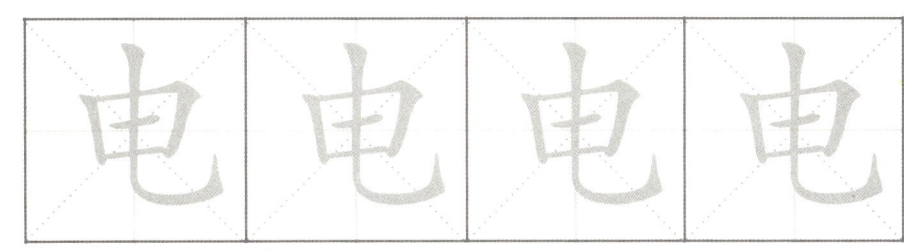

diàn
乚部

5 画　丨冂日日电

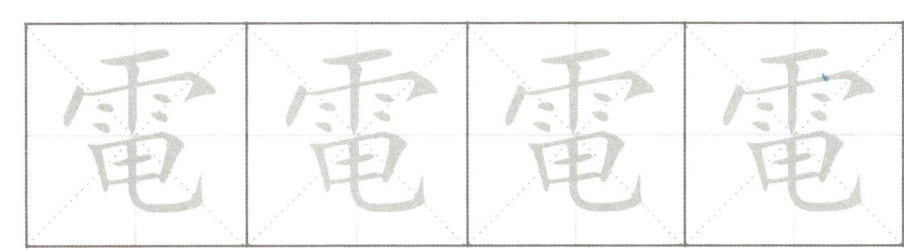

雨部
雨 + 电 shēn

13画　一丆冂币雨雨雨雨雷雷雷雷電

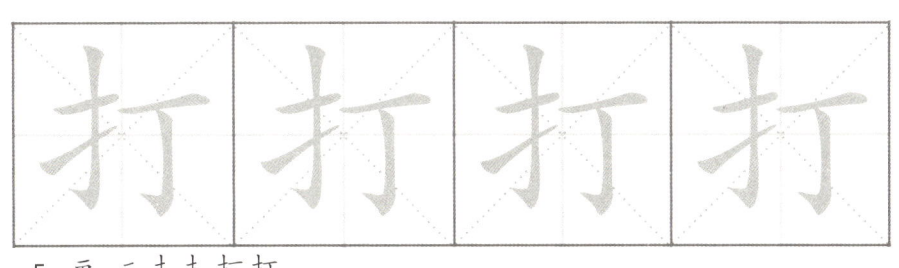

dǎ
扌部（提手旁）
扌 + 丁 dīng

5 画　一十扌扌打

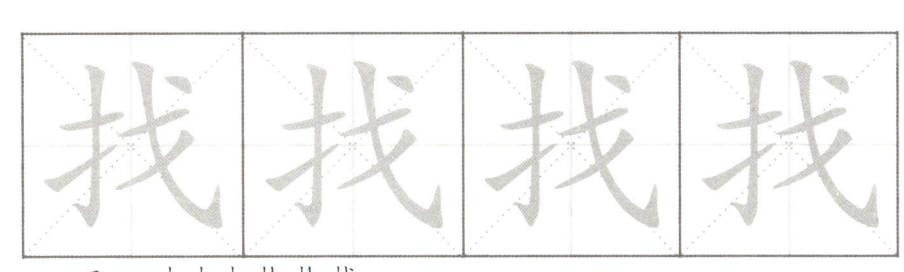

zhǎo
扌部
扌 + 戈

7 画　一十扌扌找找找

第一课

临写

雨	雨	雨	雨	雨	雨	雨	雨	雨	雨	雨
电	电	电	电	电	电	电	电	电	电	电
電	電	電	電	電	電	電	電	電	電	電
打	打	打	打	打	打	打	打	打	打	打
找	找	找	找	找	找	找	找	找	找	找

第一课

L1.7 我你您知首

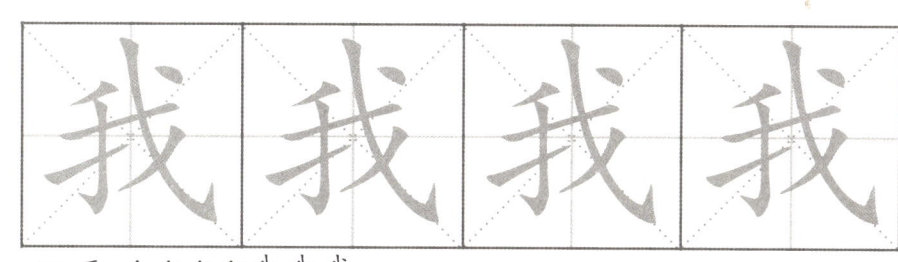

wǒ
戈部

7 画 一 二 干 手 我 我 我

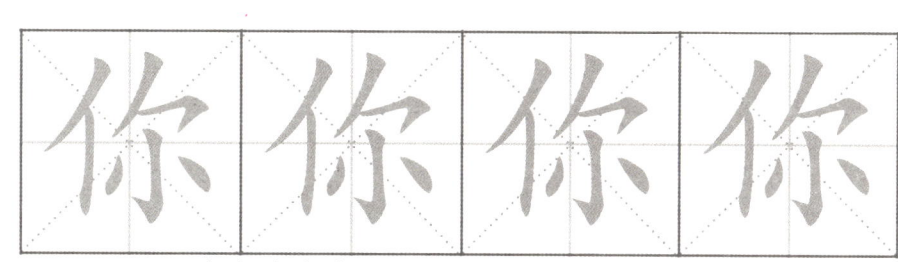

nǐ
亻部（单立人）
亻+尔 ěr

7 画 丿 亻 亻 亿 佟 你 你

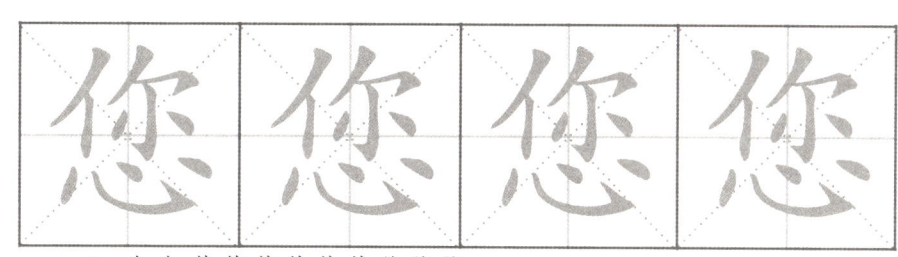

nín
心部（心字底）
你 nǐ +心

11 画 丿 亻 亻 亿 佟 你 你 您 您 您

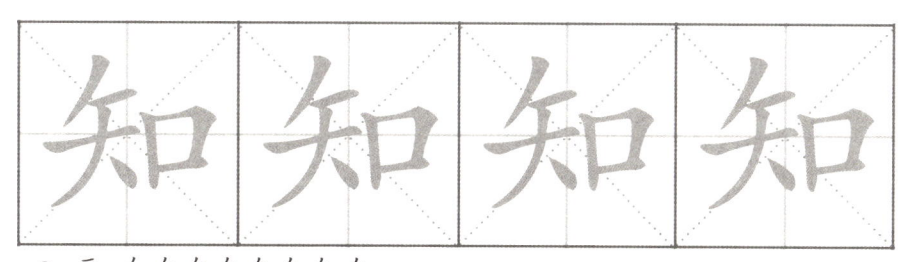

zhī
矢部
矢 shǐ +口

8 画 丿 上 二 午 矢 知 知 知

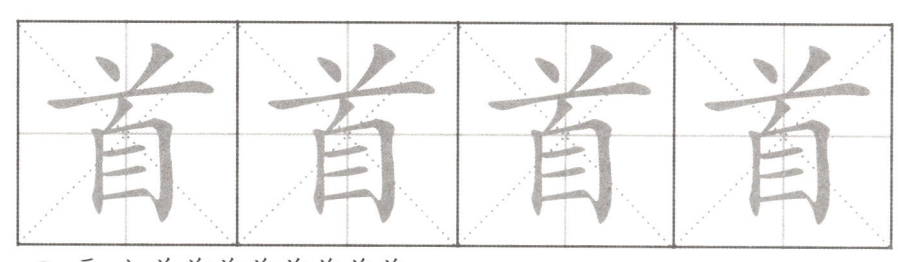

shǒu
首部

9 画 丶 丷 产 产 产 首 首 首 首

第一课

临写

我 我 我 我 我 我 我 我 我 我 我

你 你 你 你 你 你 你 你 你 你 你

您 您 您 您 您 您 您 您 您 您 您

知 知 知 知 知 知 知 知 知 知 知

首 首 首 首 首 首 首 首 首 首 首

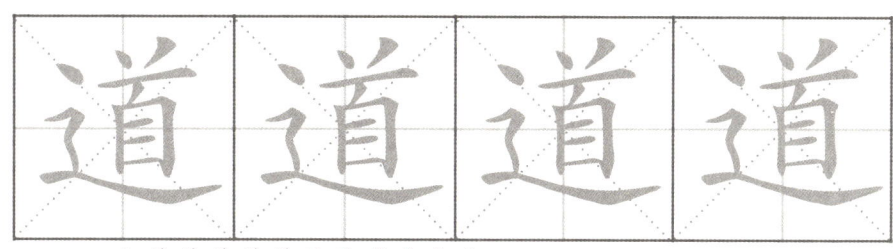

dào
辶部（走之）
辶＋首 shǒu

12画 丶丷丷丷丷芦芦首首首道道

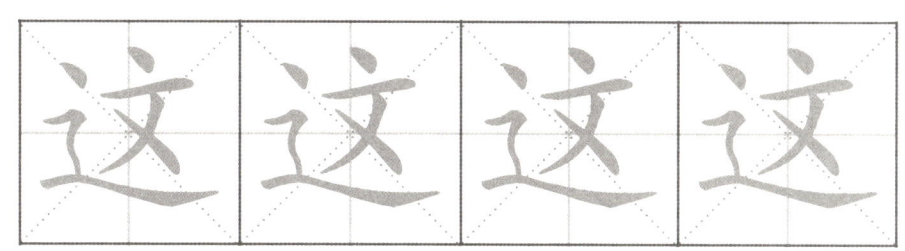

zhè
辶部（走之）
辶＋文

7画 丶亠ナ文文这这

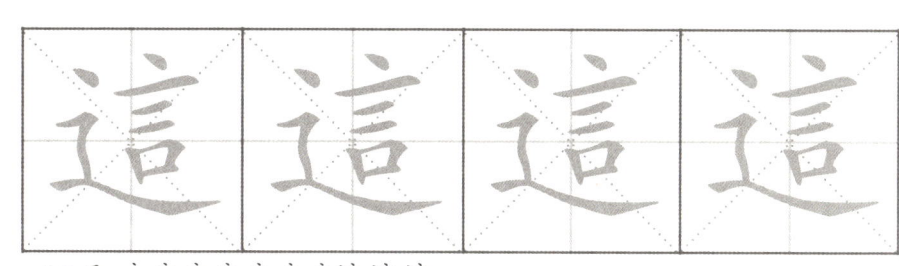

辶部
辶＋言

10画 丶亠亠言言言言這

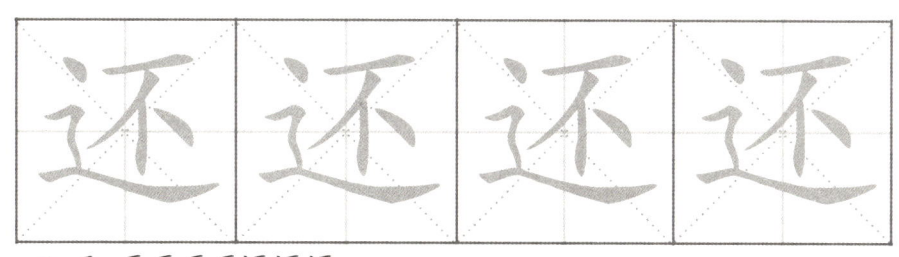

hái/huán
辶部（走之）
辶＋不

7画 一ア不不不还还

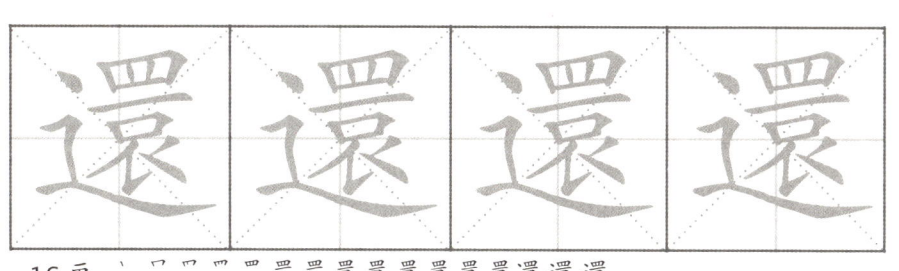

辶部
辶＋睘 huán

16画 丶口四四四罒罒罗罗罘罘罘睘睘還還

第一课

临写

道　道　道　道　道　道　道　道　道　道　道

这　这　这　这　这　这　这　这　这　这　这

這　這　這　這　這　這　這　這　這　這　這

还　还　还　还　还　还　还　还　还　还　还

還　還　還　還　還　還　還　還　還　還　還

第一课

L1.9 部都那哪的

bù
阝部（右耳刀）
音 pǒu ＋阝

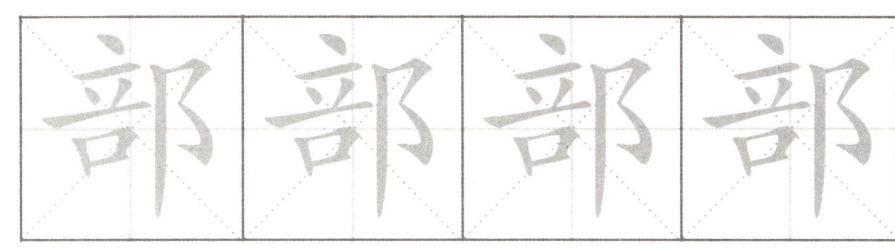

10画 ` 亠 土 立 产 音 音 咅 部 部

dōu/dū
阝部（右耳刀）
者 zhě ＋阝

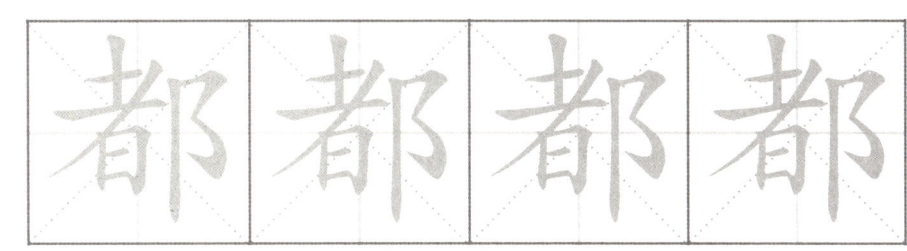

10画 一 十 土 耂 者 者 者 者 都 都

nà
阝部（右耳刀）
刃 rǎn ＋阝

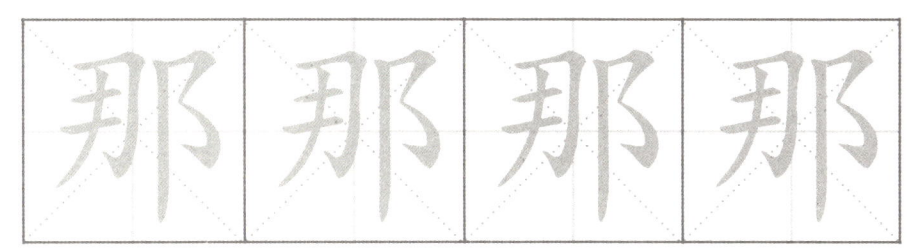

6 画 フ コ ヨ 刃 那 那

nǎ
口部（口字旁）
口＋那 nà

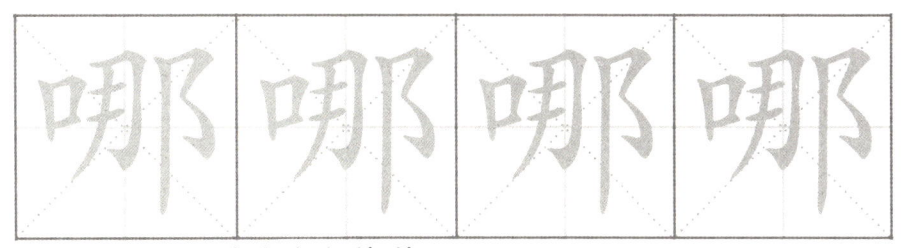

9画 丨 冂 口 叮 叼 叼 哫 哪 哪

de
白部
白＋勺 sháo

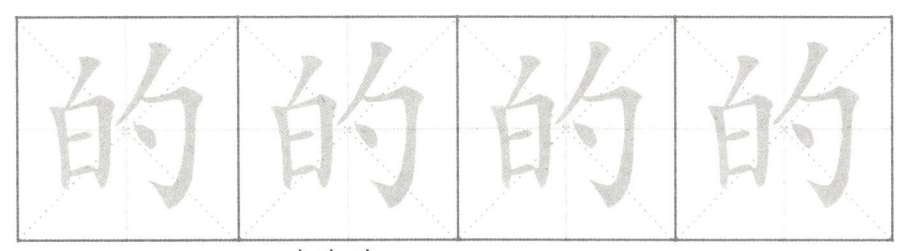

8 画 ' 亻 白 白 白 的 的 的

第一课

临写

部　部　部　部　部　部　部　部　部　部

都　都　都　都　都　都　都　都　都　都

那　那　那　那　那　那　那　那　那　那

哪　哪　哪　哪　哪　哪　哪　哪　哪　哪

的　的　的　的　的　的　的　的　的　的

L1.10 练习

1 写汉字

(yī)   ■   Wǒ zěnme zhǎo nǐ?

     ▲   Nǐ dǎ diànhuà!

(èr)   ■   Nín zhīdào zhè sān gè rén shì shéi ma?

     ▲   Nà sān gè dōu shì dàxuéshēng.

(sān)   ■   "Tí" de bùshǒu shì shénme?

     ▲   Nǎ gè "tí"?

     ■   "Wèntí" de "tí"?

(sì)   ■   Shéi hái yǒu wèntí?

     ▲   Wǒ hái yǒu yí gè wèntí. Wǒmen dàxué (zhōngxué) yǒu duōshao xuésheng?

第一课

2　写简体字
這個學生怎麼還有問題?

3　写部首

zǒuzhī　bǎogài　dānlìrén　xīnzìdǐ　yòu'ěrdāo　tíshǒupáng　nǚzìpáng　yánzìpáng

4　字谜
你没有他有，天没有地有。

上不在上，下不在下，
天没它大，人有它大。

5　回答问题
你叫什么名字?
你是哪国人?
你是哪个大学（中学）的学生?
你说什么语言?
你家的电话是多少?

第一课

L2.1 东東西南北

东 东 东 东 东

dōng
一部

5 画 一 𠂇 车 东 东

東 東 東 東 東

木部
木 + 曰

8 画 一 𠃍 币 币 亘 申 東 東

西 西 西 西 西

xī
西部

6 画 一 𠃊 丙 丙 西 西

南 南 南 南 南

nán
十部

9 画 一 十 𠂇 冂 冂 冂 冂 南 南

北 北 北 北 北

běi
匕部

5 画 丨 丬 丬 北 北

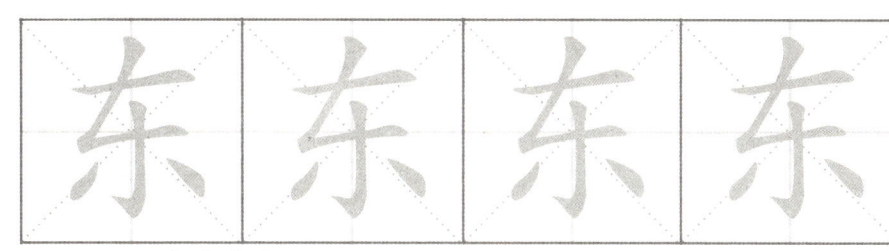

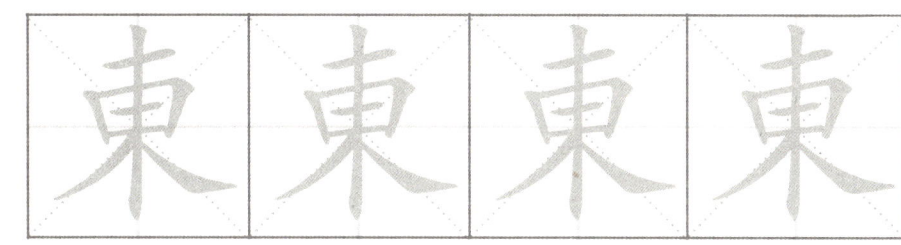

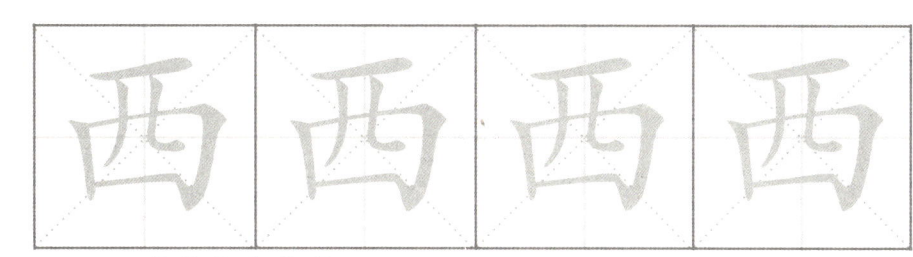

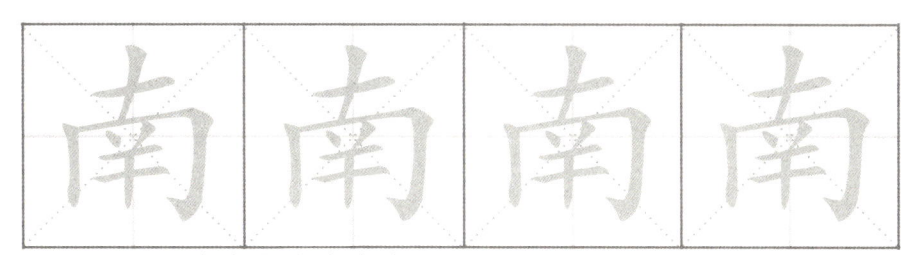

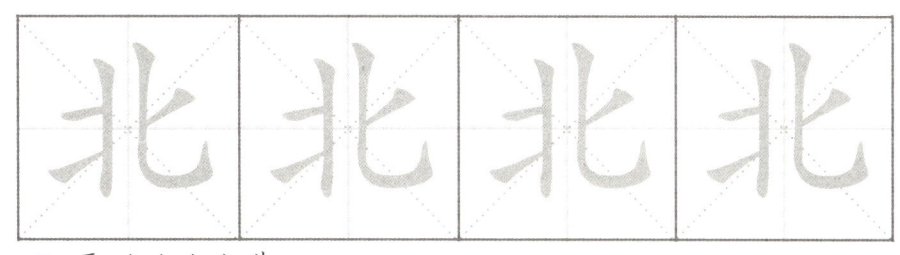

临写

东	东	东	东	东	东	东	东	东	东	东
東	東	東	東	東	東	東	東	東	東	東
西	西	西	西	西	西	西	西	西	西	西
南	南	南	南	南	南	南	南	南	南	南
北	北	北	北	北	北	北	北	北	北	北

第二课

L2.2 边邊市京就

biān
辶部（走之）
辶＋力

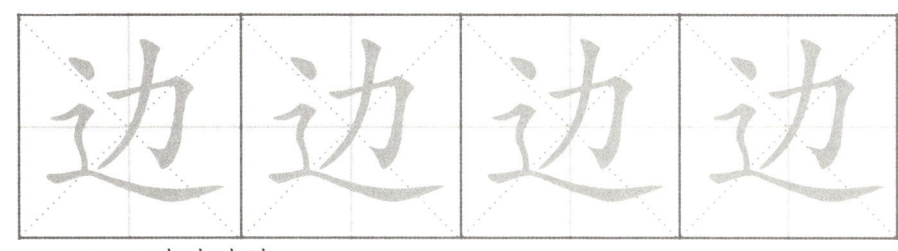

5 画 フ 力 カ 边 边

邊
辵部
辶＋募 mián

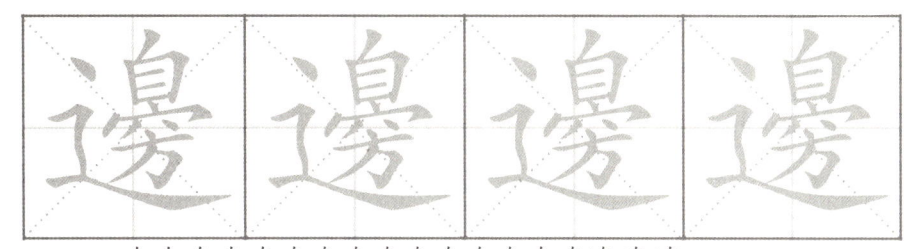

18画 ′ ′ 'ヶ 白 白 白 白 臬 臬 臬 募 粤 募 裊 裊 邊 邊

shì
亠部

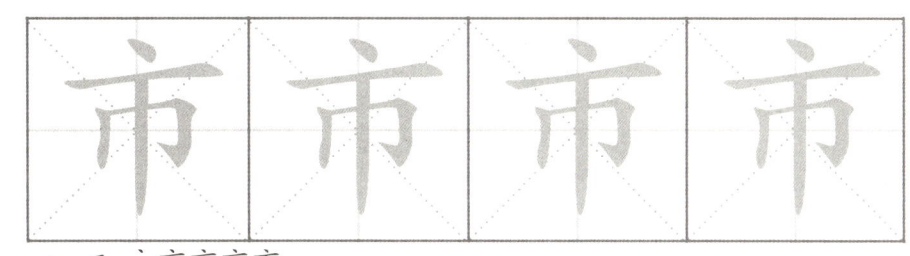

5 画 ′ 亠 广 市 市

jīng
亠部

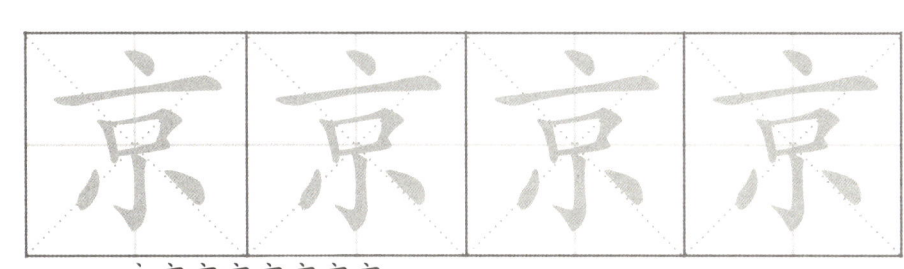

8 画 ′ 亠 广 古 古 亨 京 京

jiù
亠部
京＋尤 yóu

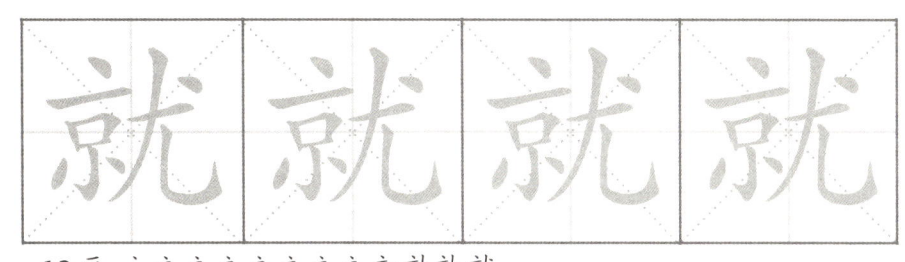

12画 ′ 亠 广 古 古 亨 京 京 亰 就 就

第二课

临写

边 | 边 边 边 边 边 边 边 边 边 边

邊 | 邊 邊 邊 邊 邊 邊 邊 邊 邊 邊

市 | 市 市 市 市 市 市 市 市 市 市

京 | 京 京 京 京 京 京 京 京 京 京

就 | 就 就 就 就 就 就 就 就 就 就

L2.3 水湖没去法

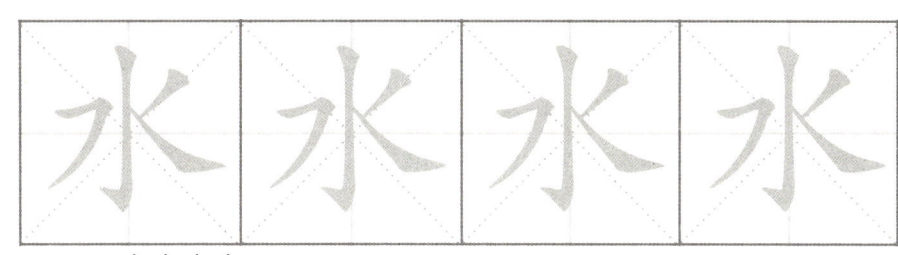

shuǐ
水部

4 画 亅 汀 水 水

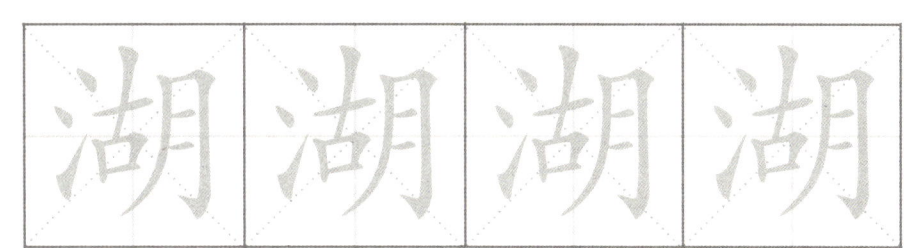

hú
氵部（三点水）
氵＋胡 hú

12画 丶丶氵汁汁洗洗洗洗湖湖湖

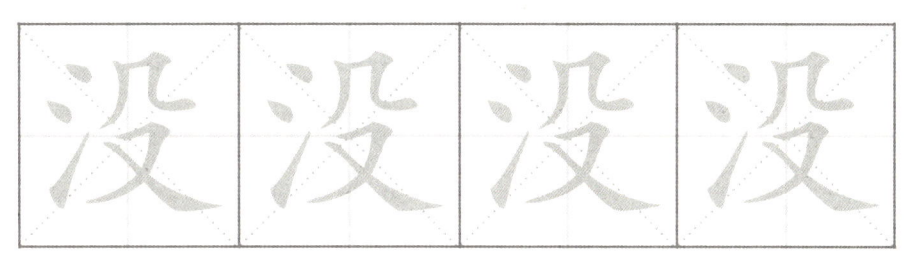

méi
氵部（三点水）
氵＋殳

7 画 丶丶氵氵沪没没

qù
厶部

5 画 一 十 土 去 去

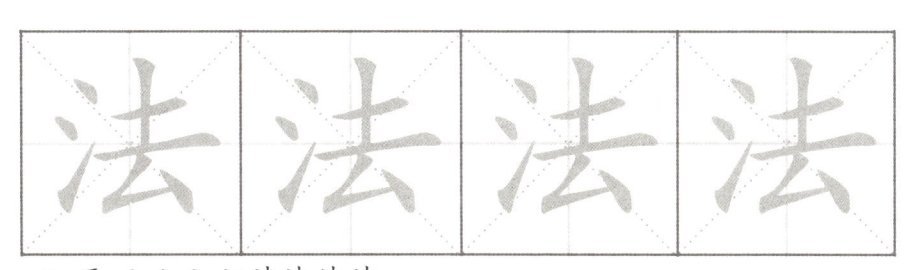

fǎ
氵部
氵＋去

8 画 丶丶氵汀汁法法法

第二课

临写

水	水	水	水	水	水	水	水	水	水	水	水

湖	湖	湖	湖	湖	湖	湖	湖	湖	湖		

没	没	没	没	没	没	没	没	没	没	没	

去	去	去	去	去	去	去	去	去	去	去	

法	法	法	法	法	法	法	法	法	法	法	

第二课

L2.4　省会會写寫

shěng
目部
少＋目

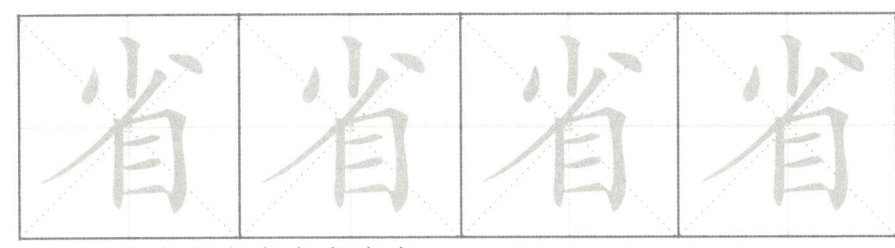

9 画　丶 丶 丷 少 少 少 省 省 省

huì
人部

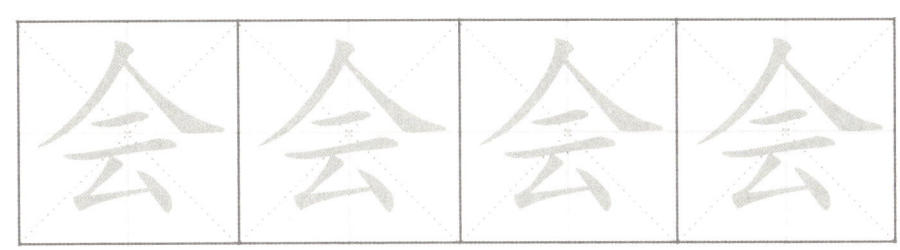

6 画　丿 人 人 仐 会 会

日部

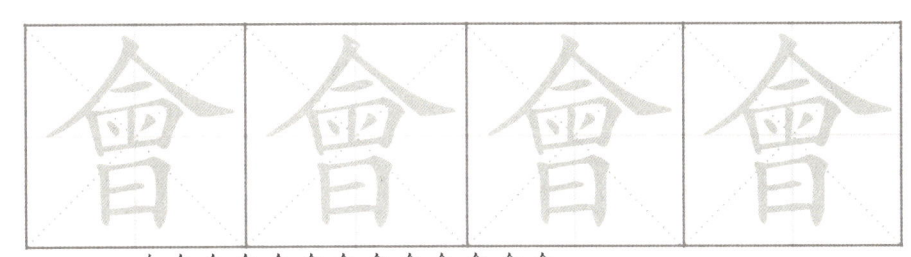

13画　丿 人 人 亼 个 仐 命 命 命 會 會 會 會

xiě
宀部（秃宝盖）
冖＋与

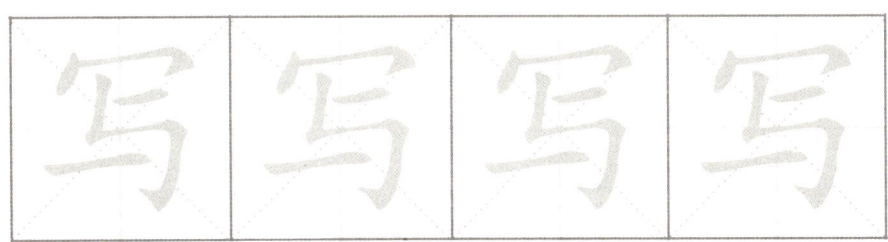

5 画　丶 冖 宀 写 写

宀部
宀＋舄 xì

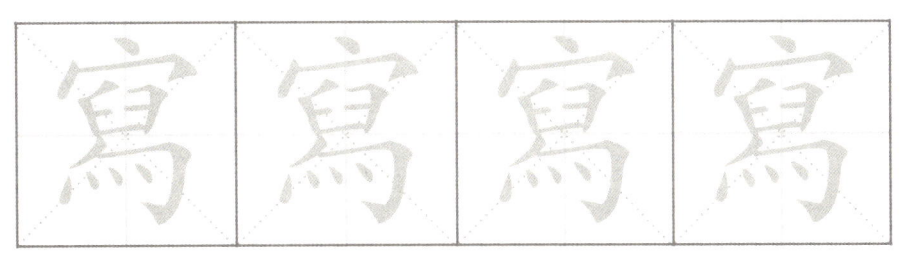

15画　丶 丷 宀 宀 宀 宀 宀 宀 宫 穹 寫 寫 寫 寫 寫

第二课

省 省 省 省 省 省 省 省 省 省 省 省

会 会 会 会 会 会 会 会 会 会 会 会

會 會 會 會 會 會 會 會 會 會 會 會

写 写 写 写 写 写 写 写 写 写 写 写

寫 寫 寫 寫 寫 寫 寫 寫 寫 寫 寫 寫

L2.5 练习

1   写汉字

(yī)   Zhōngguó shǒudū shì Běijīng Shì.

(èr)   Běijīng dōngbian、xībian、nánbian、běibian dōu shì Héběi Shěng de dìfang.

(sān)   ■   Nǐ xiǎng qù nǎge guójiā?

　　　　▲   Wǒ jiù xiǎng qù Fǎguó.

(sì)   Húnán Shěng de shěnghuì shì Chángshā (沙).

(wǔ)   Hànshuǐ yě jiào Hànjiāng, zài Húběi.

(liù)   ■   Nǐ huì bú huì xiě "sīxiǎng" de "sī"?

　　　　▲   Huì xiě, shàngbian shì "tián", xiàbian shì "xīn".

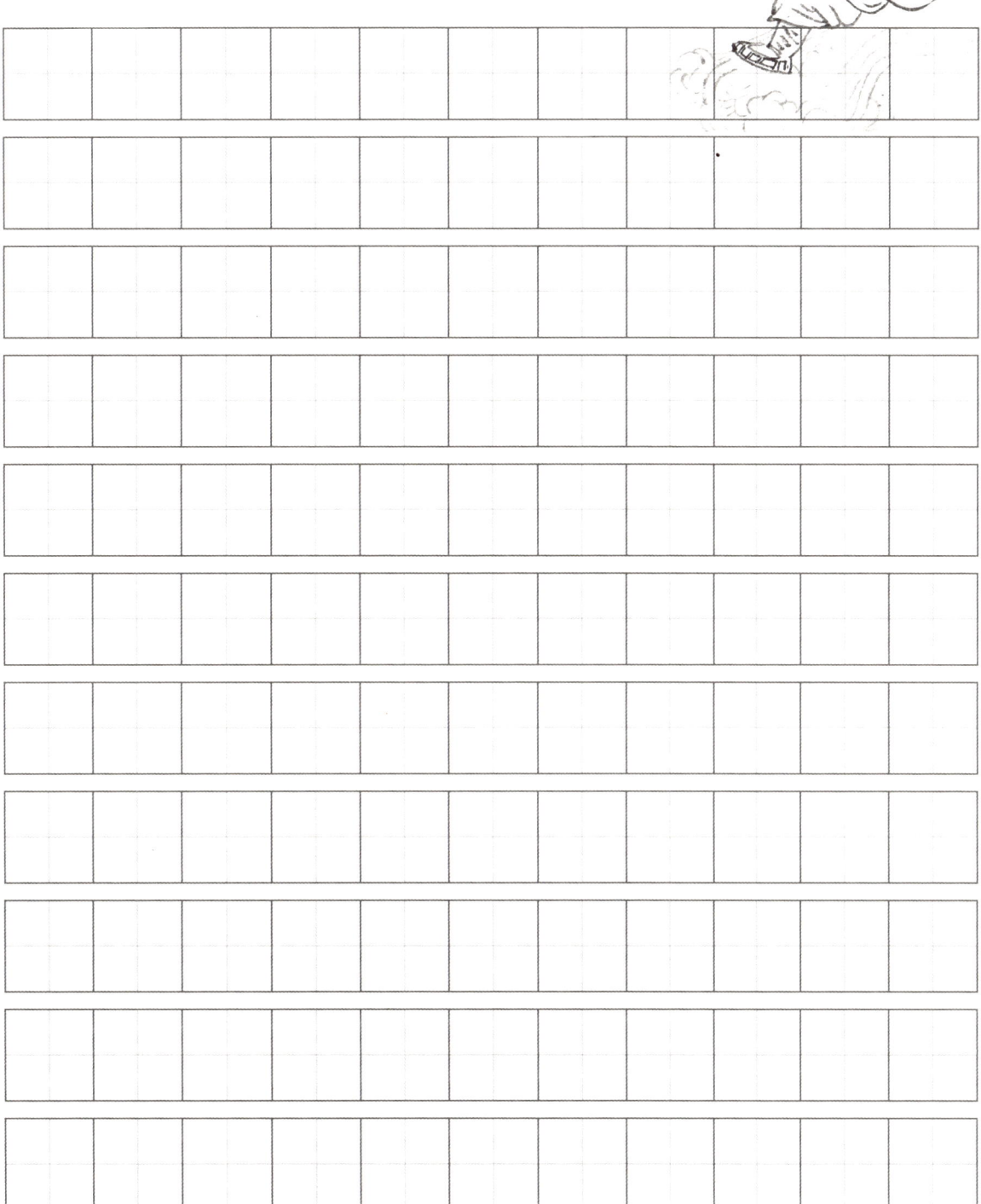

2 写简体字
你會不會寫"東邊"？

3 阅读

找语伴

  我叫田边芳子，是日本人，我家在日本首都东京。我的母语是日语。我刚到北京，只会说一点中国话。我想找一个北京人说普通话。请给我打电话：13976457235。

4 作文《找语伴》

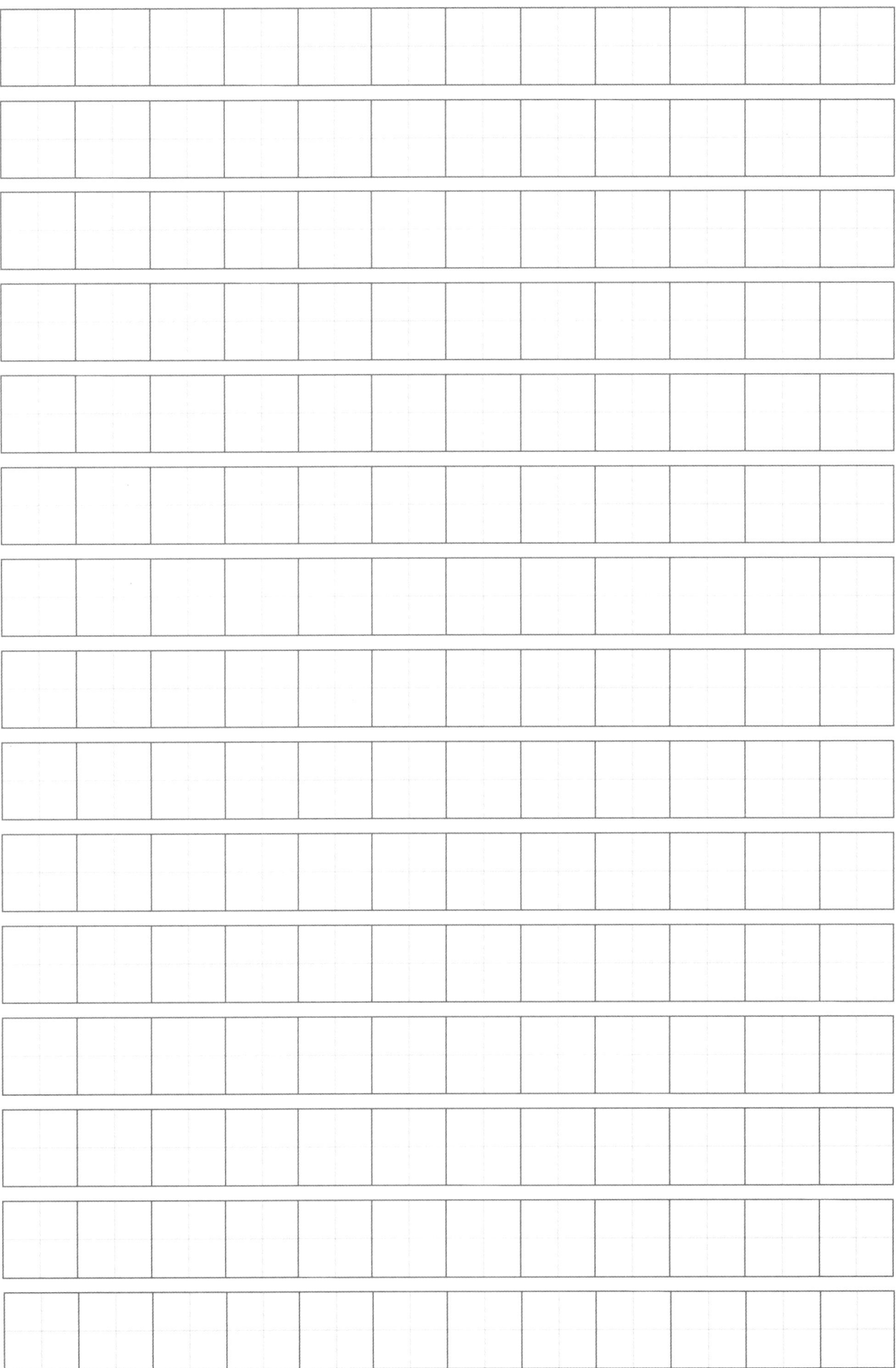

L2.6 今年岁歳现

jīn
人部

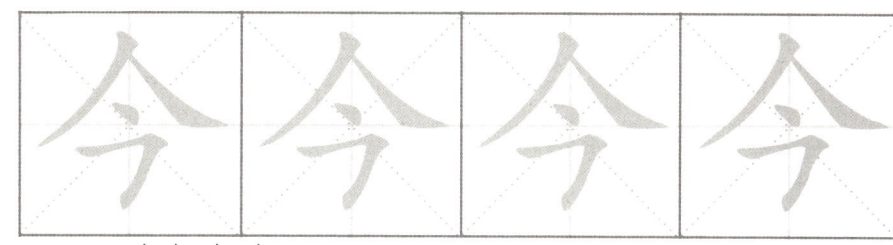

4 画 丿 人 人 今

nián
丿部

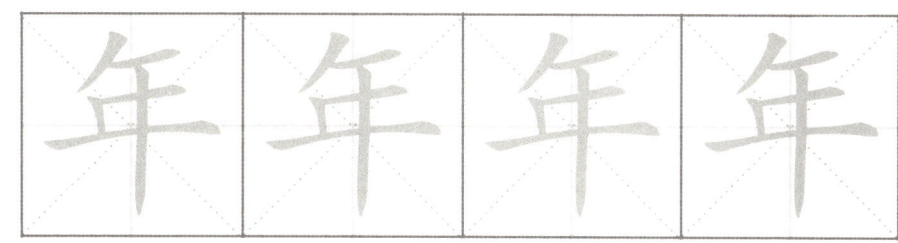

6 画 丿 ケ ケ ヒ 生 年

suì
山部
山 + 夕

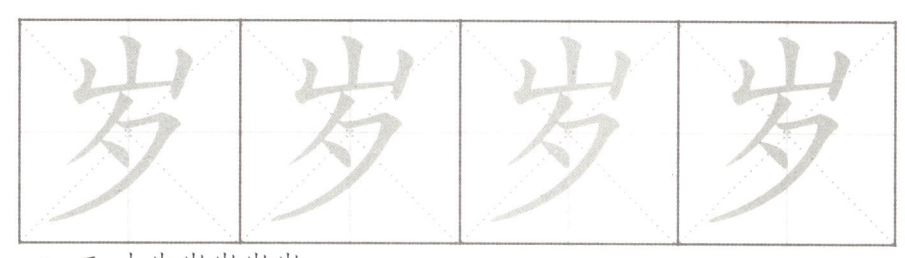

6 画 丨 山 山 岁 岁 岁

止部
止 + 戌 xū

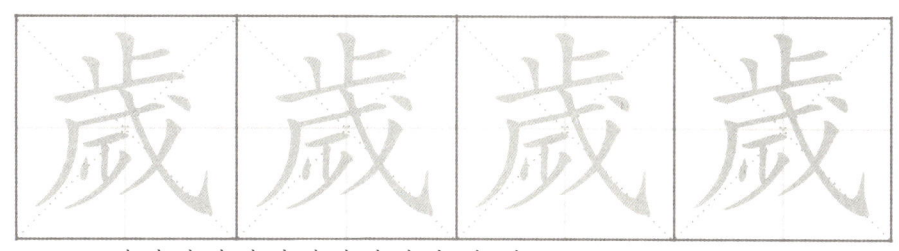

13 画 丨 ト 止 止 止 芦 芦 芹 芹 芳 岁 歳 歳

xiàn [現]
王部（王字旁）
王 + 见 jiàn

8 画 一 二 于 王 玙 现 现 现

临写

今 | 今 | 今 | 今 | 今 | 今 | 今 | 今 | 今 | 今 | 今

年 | 年 | 年 | 年 | 年 | 年 | 年 | 年 | 年 | 年 | 年

岁 | 岁 | 岁 | 岁 | 岁 | 岁 | 岁 | 岁 | 岁 | 岁 | 岁

歲 | 歲 | 歲 | 歲 | 歲 | 歲 | 歲 | 歲 | 歲 | 歲 | 歲

现 | 现 | 现 | 现 | 现 | 现 | 现 | 现 | 现 | 现 | 现

現 | 現 | 現 | 現 | 現 | 現 | 現 | 現 | 現 | 現 | 現

第二课

L2.7 亲親父爸吧

qīn
立部
辛 xīn ＋ ホ

9 画 　丶 亠 ㅗ 立 立 辛 亲 亲

見部
亲 qīn ＋ 見

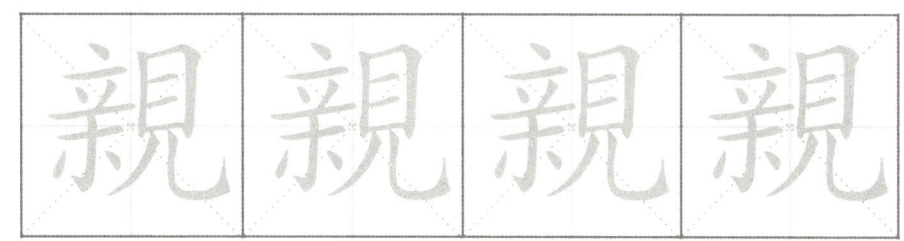

16 画 丶 亠 ㅗ 立 立 辛 亲 亲 亲 亲 亲 亲 亲 親 親

fù
父部

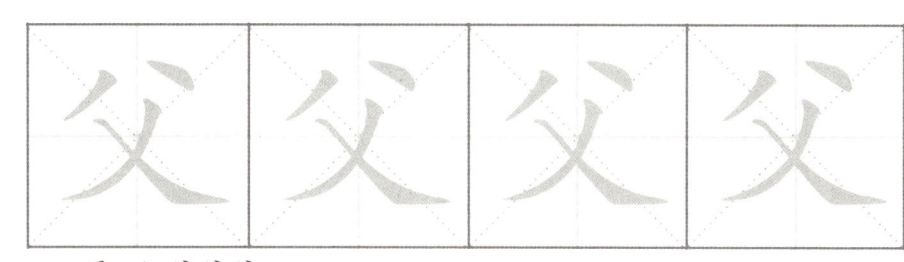

4 画 　ノ 丶 丷 父

bà
父部
父 ＋ 巴 bā

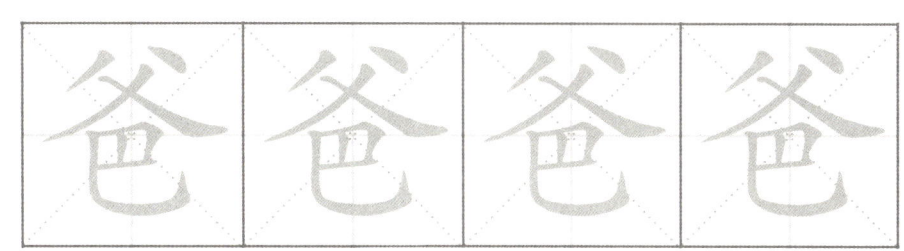

8 画 　ノ 丶 丷 父 爷 爷 爸 爸

ba
口部（口字旁）
口 ＋ 巴 bā

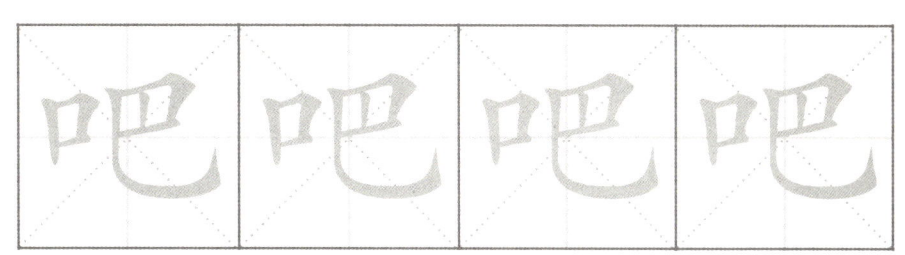

7 画 　丨 冂 口 吧 吧 吧 吧

第二课

临写

亲 | 亲 | 亲 | 亲 | 亲 | 亲 | 亲 | 亲 | 亲 | 亲 | 亲

親 | 親 | 親 | 親 | 親 | 親 | 親 | 親 | 親 | 親 | 親

父 | 父 | 父 | 父 | 父 | 父 | 父 | 父 | 父 | 父 | 父

爸 | 爸 | 爸 | 爸 | 爸 | 爸 | 爸 | 爸 | 爸 | 爸 | 爸

吧 | 吧 | 吧 | 吧 | 吧 | 吧 | 吧 | 吧 | 吧 | 吧 | 吧

L2.8 母海儿兒兄

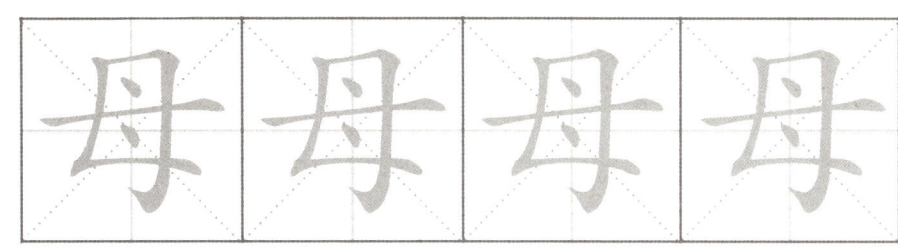

mǔ
母部

5 画 乙 乙 乙 乙 母

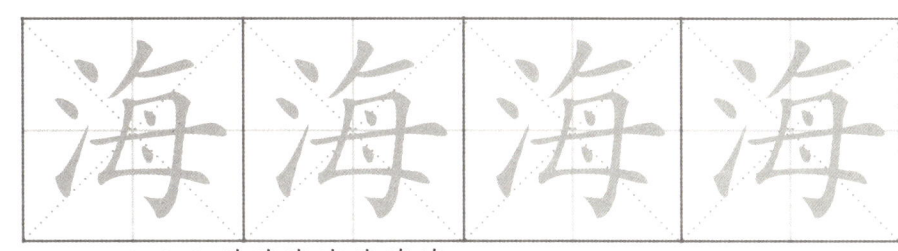

hǎi
氵部（三点水）
氵+ 每 měi

10 画 丶 丶 氵 氵 汇 汇 海 海 海 海

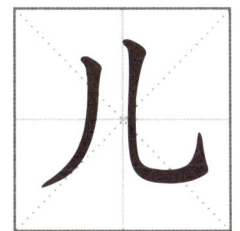
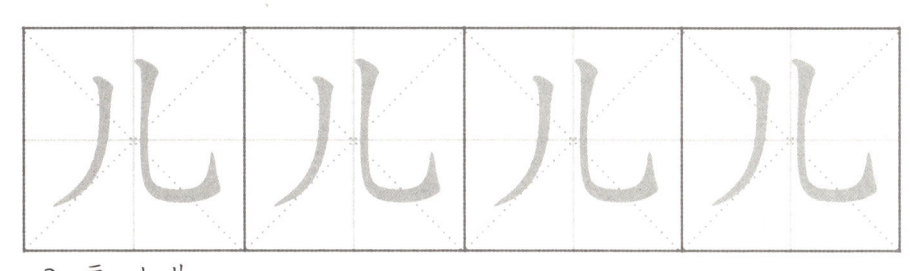

ér
儿部

2 画 丿 儿

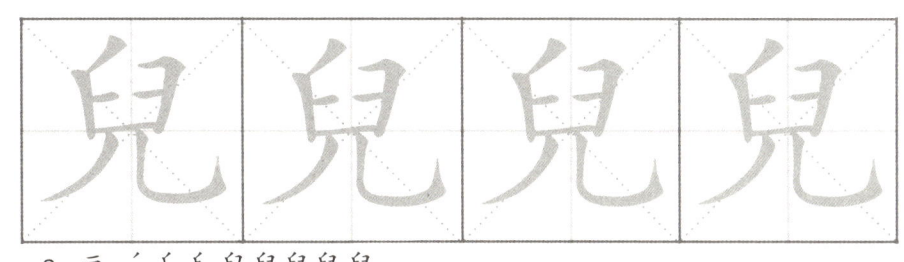

儿部

8 画 丿 亻 亻 亇 白 白 臼 兒

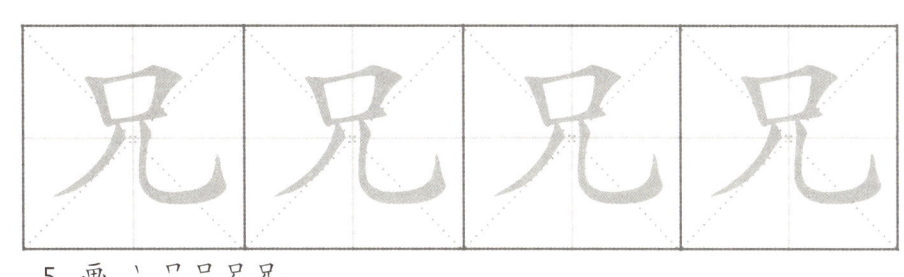

xiōng
儿部

5 画 丶 口 口 尸 兄

临写

母　母　母　母　母　母　母　母　母　母　母

海　海　海　海　海　海　海　海　海　海　海

儿　儿　儿　儿　儿　儿　儿　儿　儿　儿　儿

兒　兒　兒　兒　兒　兒　兒　兒　兒　兒　兒

兄　兄　兄　兄　兄　兄　兄　兄　兄　兄　兄

L2.9 先姐妹弟第

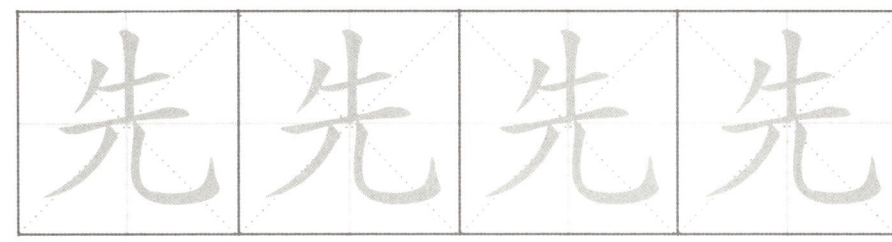

xiān
儿部

6 画 ノ ⺊ 丬 生 牛 先

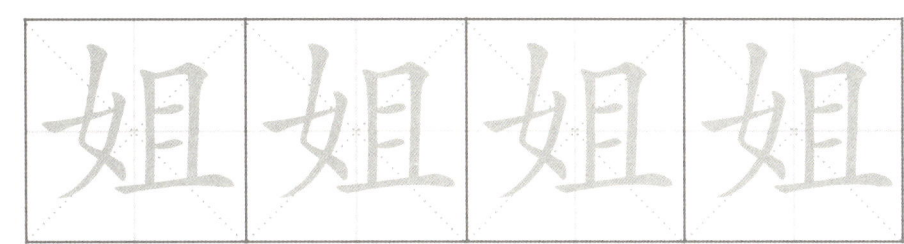

jiě
女部（女字旁）
女 + 且 qiě

8 画 ⺄ 女 女 如 如 姐 姐 姐

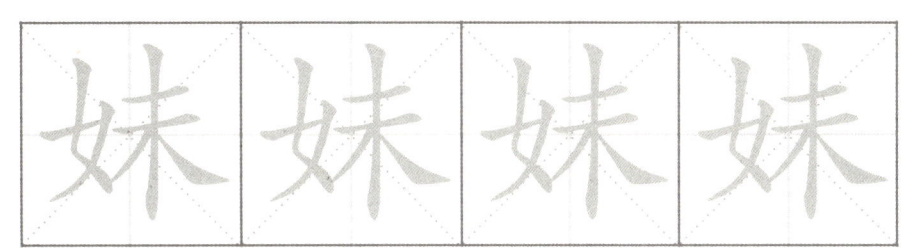

mèi
女部（女字旁）
女 + 未 wèi

8 画 ⺄ 女 女 女 妒 奸 妹 妹

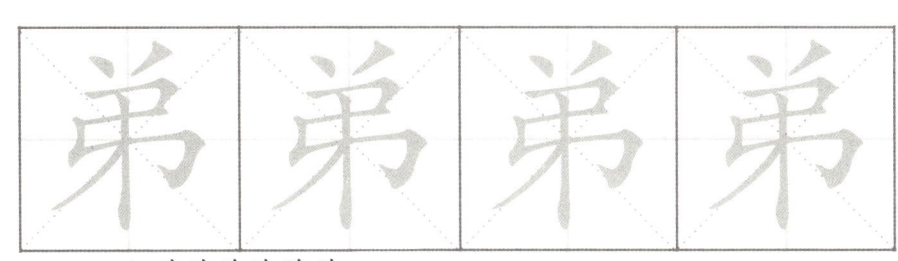

dì
⺍部（八字头）

7 画 ⸜ ⺍ ⺋ 肖 肖 弟 弟

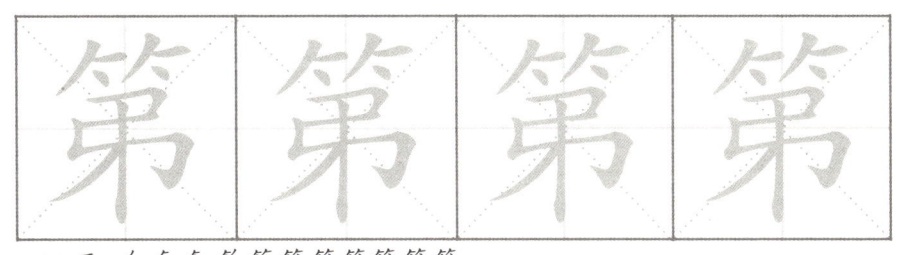

dì
⺮部（竹字头）
竹 + 弟 dì

11画 ノ ⺊ ⺮ ⺮ ⺮ 竺 竺 笃 笃 第 第

第二课

临写

先　先 先 先 先 先 先 先 先 先 先 先

姐　姐 姐 姐 姐 姐 姐 姐 姐 姐 姐

妹　妹 妹 妹 妹 妹 妹 妹 妹 妹 妹 妹

弟　弟 弟 弟 弟 弟 弟 弟 弟 弟 弟 弟

第　第 第 第 第 第 第 第 第 第 第 第

第二课

L2.10 练习

1　写汉字

Wǒ jiā yǒu liù kǒu rén, fùqin、mǔqin、gēge、jiějie、mèimei、wǒ. Méiyǒu dìdi. Bàba、māma dōu shì Shànghǎirén. Tāmen zài jiā shuō Shànghǎihuà.

Wǒ gēge xiànzài 28 suì, yǒu yí gè érzi. Wǒ jiějie 26 suì, yǒu yí gè nǚ'ér.

Wǒ jīnnián 17 suì, hái shàng zhōngxué, míngnián jiù shàng dàxué.

Wǒ mèimei 14 suì, shàng Běijīng Dì-shíjiǔ Zhōngxué.

第二课

2　偏旁接龙

岁	多										

姐	她										

3　写简体字

我母親，53歲，會説四種語言。

4　阅读

　　我家在法国南部，在海边，有八口人，爸爸、妈妈、兄弟姐妹六个，三个哥哥、一个弟弟、一个妹妹和我。爸爸是中国人，今年56岁。他在大学工作，是书法老师。

　　我妈妈51岁。她是小学老师。三个哥哥都上大学，大哥学语言学，二哥学地理学，三哥学法语。弟弟和妹妹还上中学。我也上大学，在汉学部学汉学。我想今年九月去中国学中国文学。

5　作文《我的家》

第二课

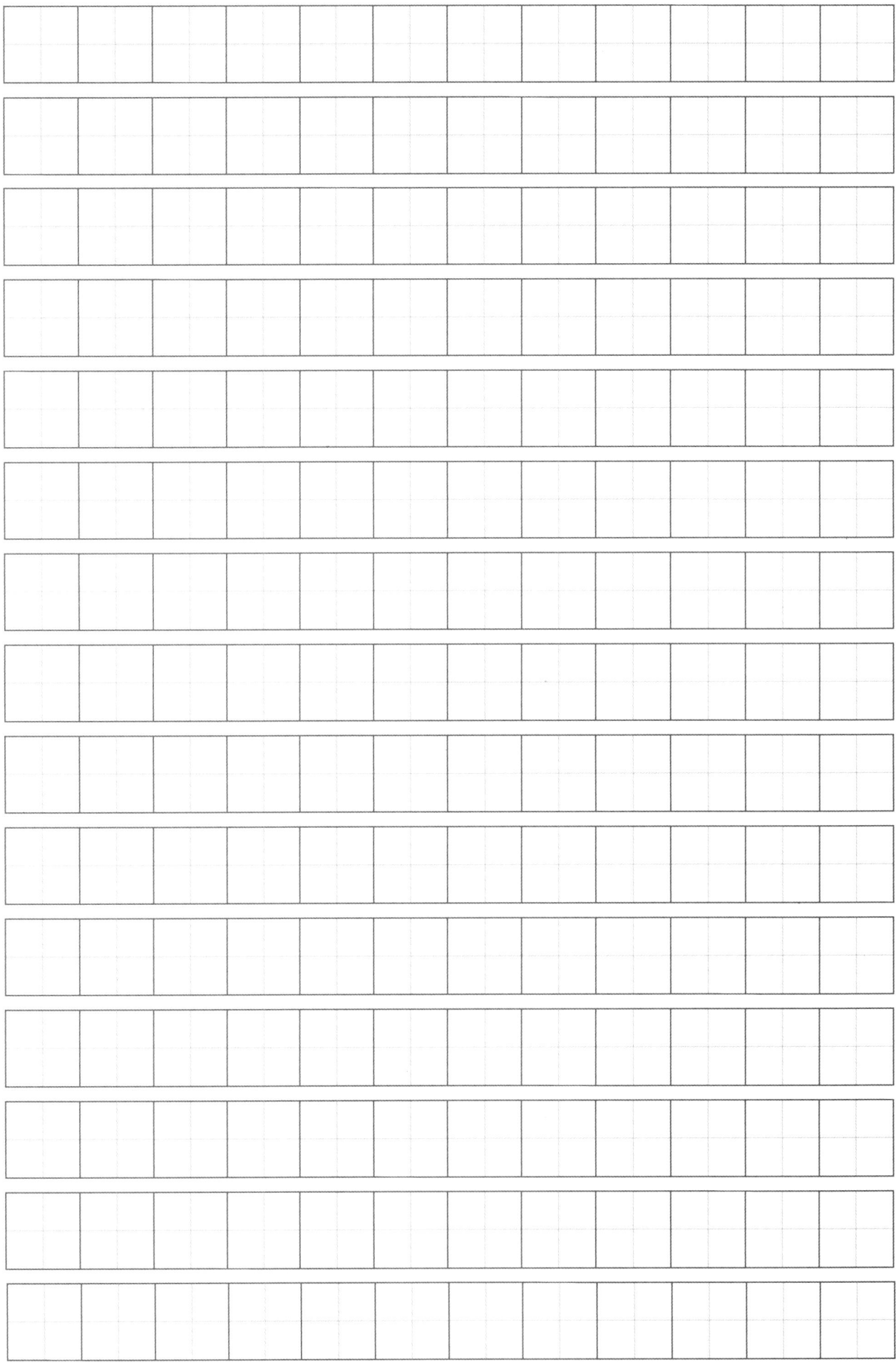

第二课

L3.1 衣裤装装服

yī
衣部

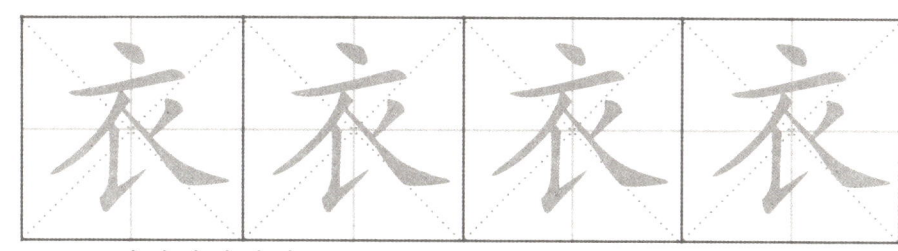

6 画 `一ナ衣衣衣

kù [裤]
衤部（衣字旁）
衤＋库 kù

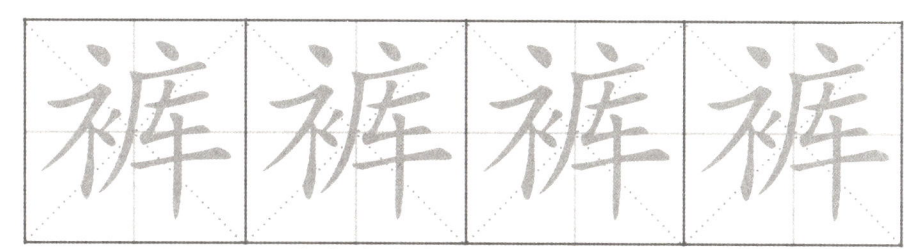

12 画 `ラ衤衤衤衤衤衤裤裤裤裤

zhuāng
衣部
壯 zhuàng ＋ 衣

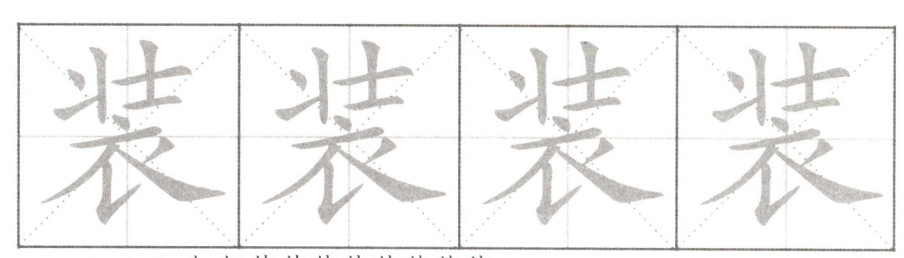

12 画 `丬丬壯壯壯壯娤娤装装装

衣部
壯 zhuàng ＋ 衣

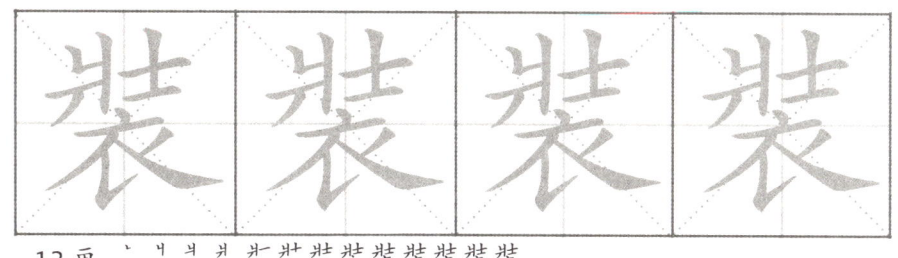

13 画 `丬丬壯壯壯壯娤娤娤装装装

fú
月部（月字旁）
月＋ 𠬝 fú

8 画 丿月月月月肝服服

临写

衣　衣 衣 衣 衣 衣 衣 衣 衣 衣 衣 衣

裤　裤 裤 裤 裤 裤 裤 裤 裤 裤 裤 裤

裤　裤 裤 裤 裤 裤 裤 裤 裤 裤 裤 裤

装　装 装 装 装 装 装 装 装 装 装 装

装　装 装 装 装 装 装 装 装 装 装 装

服　服 服 服 服 服 服 服 服 服 服 服

L3.2 穿鞋黑点點

chuān
穴部
宀＋牙

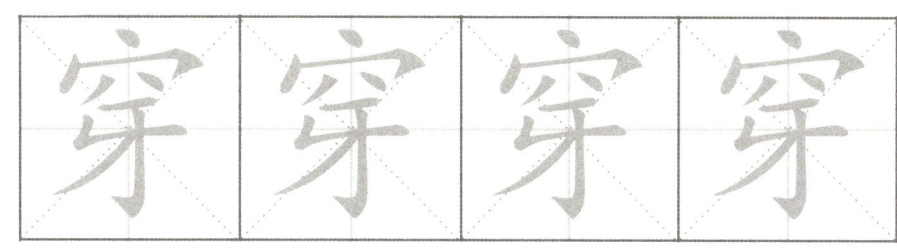

9 画 `丶丷宀宀空空空穿穿

xié
革部
革＋圭 guī

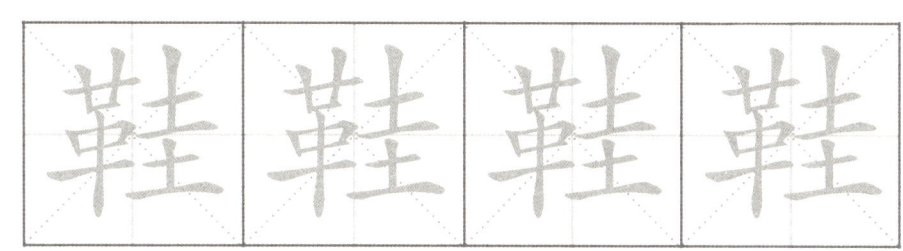

15画 一十廿廿廿昔昔莗革革鞋鞋鞋鞋

hēi
黑部

12画 丨口口曰甲里里黑黑黑

diǎn
灬部（四点）
灬＋占 zhān

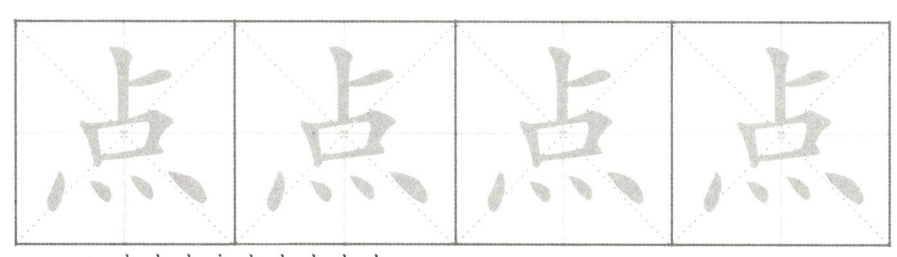

9 画 丨卜上占占点点点点

黑部
黑＋占 zhān

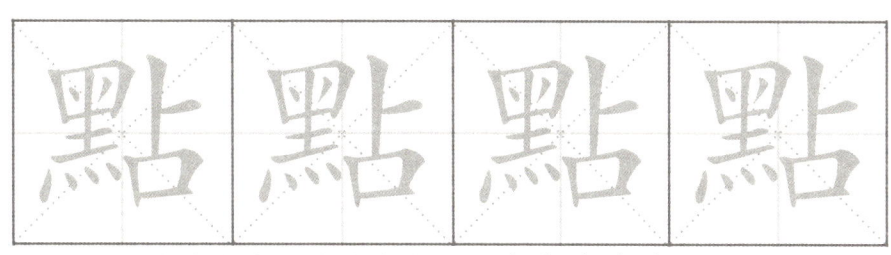

17画 丨口口曰甲里里黑黑黑黑黑點點點點

临写

穿 | 穿 | 穿 | 穿 | 穿 | 穿 | 穿 | 穿 | 穿 | 穿 | 穿 | 穿

鞋 | 鞋 | 鞋 | 鞋 | 鞋 | 鞋 | 鞋 | 鞋 | 鞋 | 鞋 | 鞋 | 鞋

黑 | 黑 | 黑 | 黑 | 黑 | 黑 | 黑 | 黑 | 黑 | 黑 | 黑 | 黑

点 | 点 | 点 | 点 | 点 | 点 | 点 | 点 | 点 | 点 | 点 | 点

點 | 點 | 點 | 點 | 點 | 點 | 點 | 點 | 點 | 點 | 點 | 點

yáng
羊部

6 画 `丷丷兰兰羊

yàng
木部（木字旁）
木 + 羊 yáng

10画 一十才木木术样样样样样

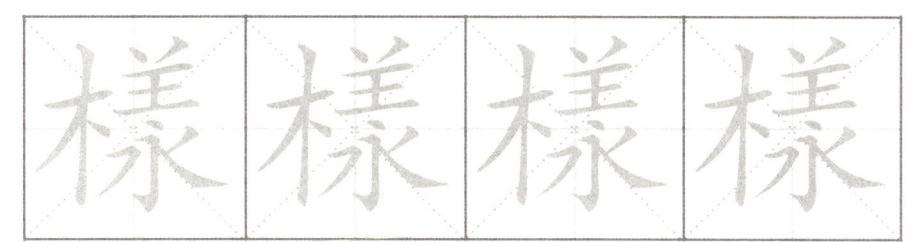

木部
木 + 羕 yàng

15画 一十才木木术术样样样样样樣樣樣樣

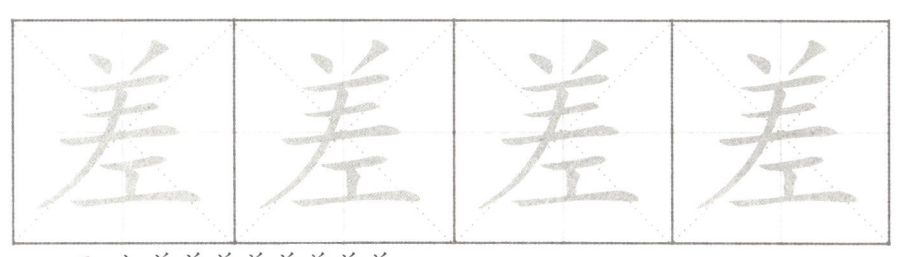

chà
工部
羊 + 工

9 画 `丷丷兰兰羊差差差

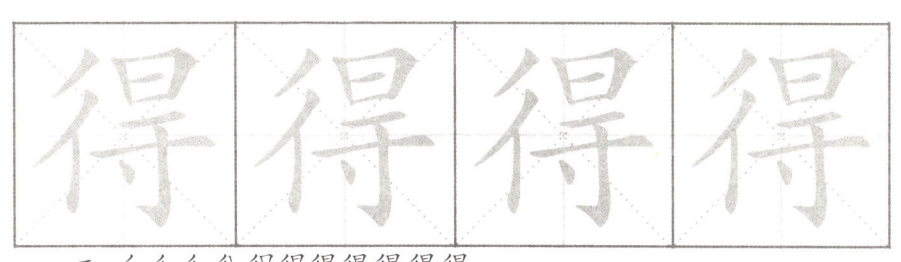

děi/de
彳部（双立人）
彳 + 导 dé

11画 ´彳彳彳彳得得得得得

第三课

临写

羊	羊	羊	羊	羊	羊	羊	羊	羊	羊	羊	羊

样	样	样	样	样	样	样	样	样	样	样	样

樣	樣	樣	樣	樣	樣	樣	樣	樣	樣	樣	樣

差	差	差	差	差	差	差	差	差	差	差	差

得	得	得	得	得	得	得	得	得	得	得	得

第三课

L3.4 行很跟金银

xíng/háng
彳部（双立人）

6 画 ノ ク 彳 彳 行 行

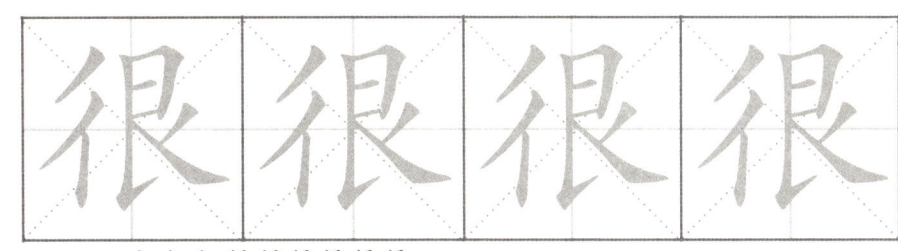

hěn
彳部（双立人）
彳 + 艮 gèn

9 画 ノ ク 彳 彳 彳 彳 彳 很 很

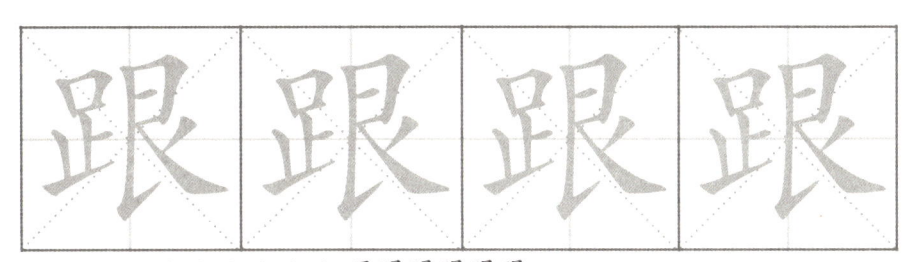

gēn
足部（足字旁）
足 + 艮 gèn

13 画 丶 丷 卩 卩 卩 卩 足 距 距 距 距 跟 跟

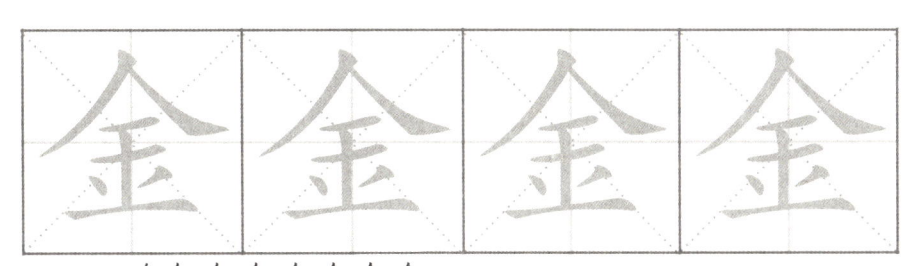

jīn
金部

8 画 ノ 人 人 今 今 全 余 金

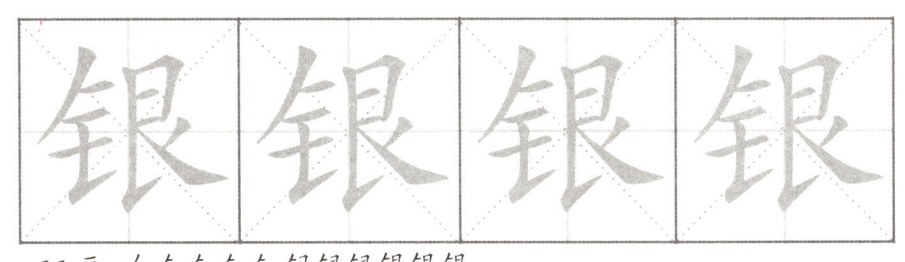

yín [銀]
钅部（金字旁）
钅 + 艮 gèn

11 画 ノ ト 上 느 钅 钅 钅 钅 银 银 银

第三课

临写

行 行 行 行 行 行 行 行 行 行 行

很 很 很 很 很 很 很 很 很 很 很

跟 跟 跟 跟 跟 跟 跟 跟 跟 跟 跟

金 金 金 金 金 金 金 金 金 金 金

银 银 银 银 银 银 银 银 银 银 银

銀 銀 銀 銀 銀 銀 銀 銀 銀 銀 銀

L3.5 练习

1　写汉字

(yī)　■　Xiǎomèimei chuān shénme yīfu?

　　　▲　Xiǎomèimei chuān hóng shàngyī、hēi kùzi、bái xié.

(èr)　Zhōngguó zhōngxuéshēng chuān xuésheng fúzhuāng.

(sān)　■　Zhè sān gè rén chuān de zěnmeyàng?

　　　▲　Dàgē chuān de yǒudiǎnr tǔ, tā de kùzi yàngzi bù xíng.

　　　　Dàjiě chuān de hěn chà, shàngyī、kùzi dōu yǒudiǎnr cháng.

　　　　Xiānsheng chuān de bù zěnmeyàng, tā de xīfú bù hǎokàn,

　　　　xiégēnr tài dà le.

第三课

2　写部首

jīnzìpáng　　shuānglìrén　　sìdiǎn　　mùzìpáng　　yīzìpáng　　zúzìpáng　　yuèzìpáng

3　写简体字

這種黑褲子樣子有點兒土，誰也不會穿。

4　阅读

找人

　　我母亲田太太和我女儿田小小。我母亲今年85岁，江西人，家在江西省九江市。说方言，不会说普通话，会写一点儿汉字。我女儿一岁多，还不会说话。2011年3月21日母亲和她去看我姐姐，就没有回家。我母亲穿红背心、白上衣、黑布鞋。我女儿穿粉红色T恤、白迷你裙、黑鞋、戴太阳镜。

　　谁知道她们在哪儿？请给我打电话，电话是371……。谢谢！

田水生
2011年3月30日

5　作文《我的服装》

第三课

第三课

L3.6 钱錢青请情

qián
钅部（金字旁）
钅+戋 jiān

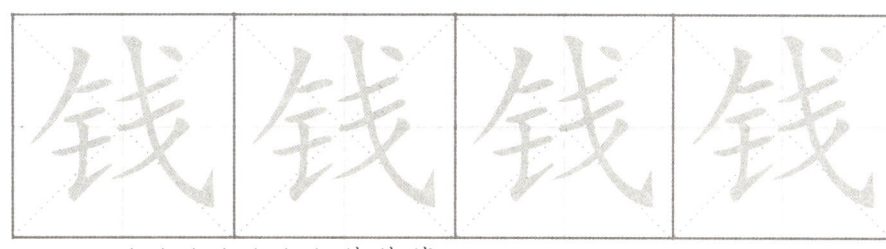

10画 丿𠂉𠂉钅钅钅钱钱钱

錢
金部
釒+戋 jiān

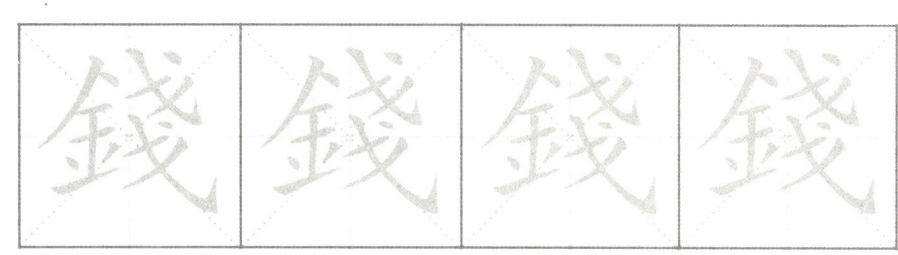

16画 丿𠂉𠂉釒釒釒釒金金釕錢錢錢錢錢錢

qīng
青部

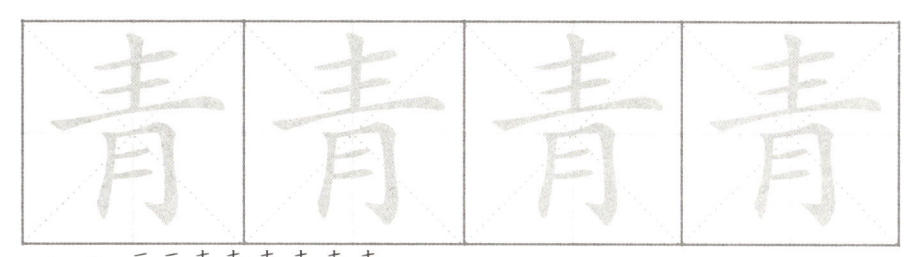

8 画 一二𠀎丰青青青青

qǐng [請]
讠部（言字旁）
讠+青 qīng

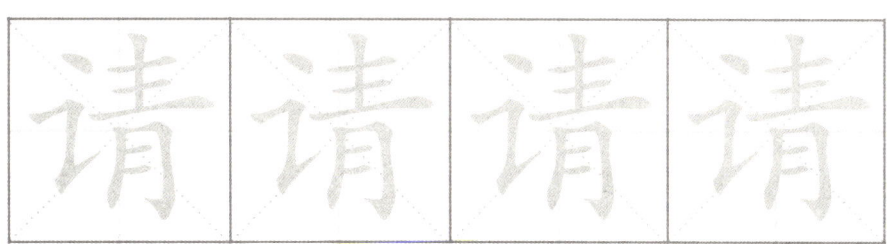

10画 丶讠讠讠讠讠请请请请

qíng
忄部（竖心旁）
忄+青 qīng

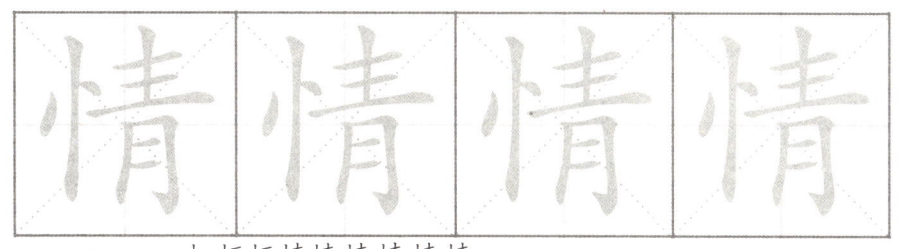

11画 丶丶忄忄忄忄忄情情情情

临写

钱　钱　钱　钱　钱　钱　钱　钱　钱　钱　钱

錢　錢　錢　錢　錢　錢　錢　錢　錢　錢　錢

青　青　青　青　青　青　青　青　青　青　青

请　请　请　请　请　请　请　请　请　请　请

請　請　請　請　請　請　請　請　請　請　請

情　情　情　情　情　情　情　情　情　情　情

L3.7 况次资来來

kuàng
冫部（两点水）
冫＋兄 xiōng

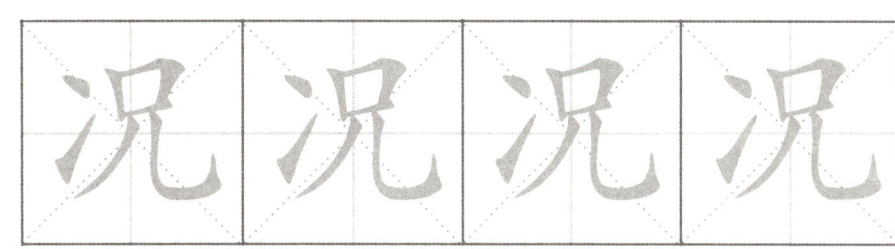

7画 丶 冫 冫冫 沪 沪 况

cì
冫部（两点水）
冫＋欠

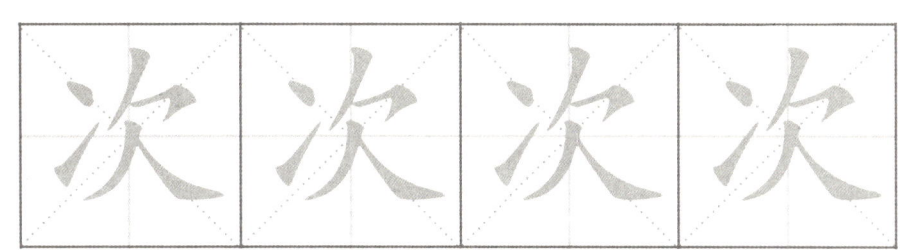

6画 丶 冫 冫 冫 次 次

zī [資]
贝部
次 cì ＋贝

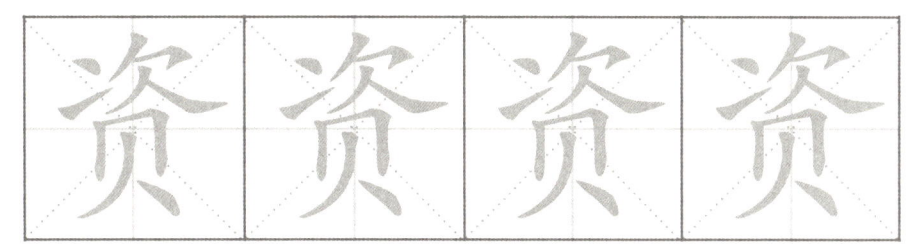

10画 丶 冫 冫 冫 次 次 咨 资 资

lái
一部

7画 一 一 一 平 平 来 来

人部

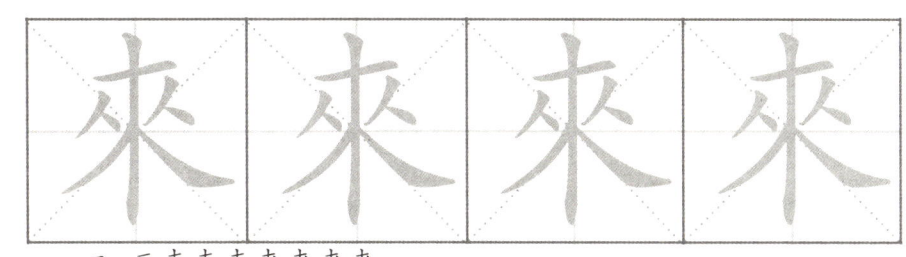

8画 一 十 十 十 中 中 來 來

第三课

临写

况	况	况	况	况	况	况	况	况	况	况	况

次	次	次	次	次	次	次	次	次	次	次	次

资	资	资	资	资	资	资	资	资	资	资	资

資	資	資	資	資	資	資	資	資	資	資	資

来	来	来	来	来	来	来	来	来	来	来	来

來	來	來	來	來	來	來	來	來	來	來	來

L3.8 要头頭买買

yào
女部
西十女

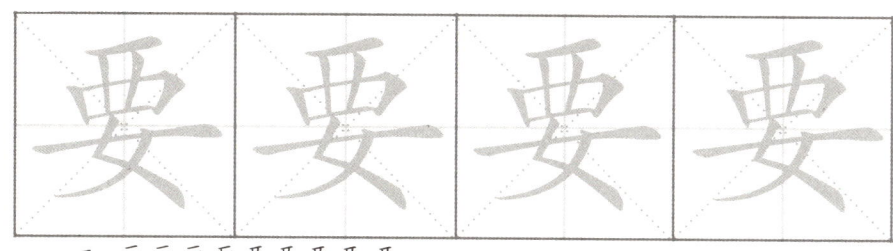

9 画 一 一 一 一 西 西 西 要 要 要

tóu
大部

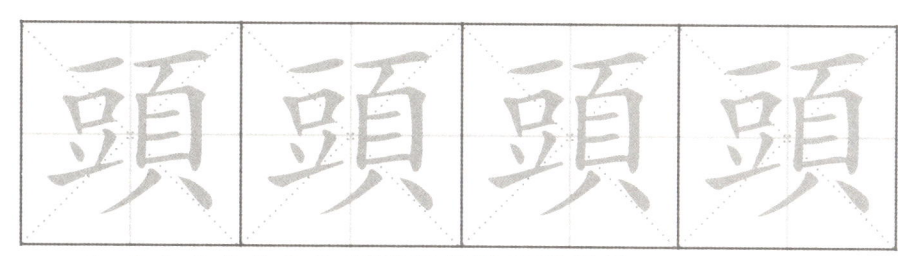

5 画 丶 丶 二 头 头

頁部
豆 dòu ＋ 頁

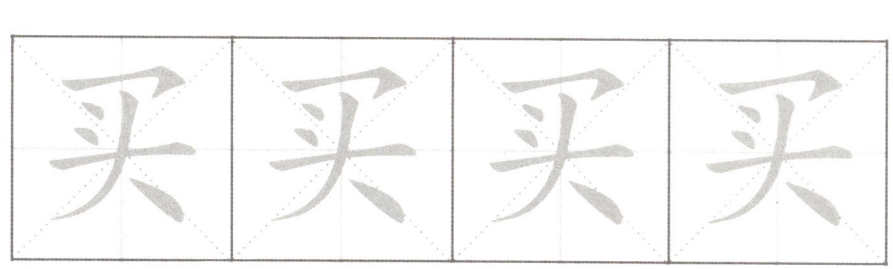

16画 一 一 一 一 巨 百 豆 豆 豆 豇 豇 頭 頭 頭 頭 頭

mǎi
乛部
乛 ＋ 头

6 画 乛 乛 乛 乛 买 买

買
貝部
四 ＋ 貝

12画 丶 丶 四 四 四 四 罒 罒 胃 胃 買 買

第三课

临写

要	要	要	要	要	要	要	要	要	要	要
头	头	头	头	头	头	头	头	头	头	头
頭	頭	頭	頭	頭	頭	頭	頭	頭	頭	頭
买	买	买	买	买	买	买	买	买	买	买
買	買	買	買	買	買	買	買	買	買	買

第三课

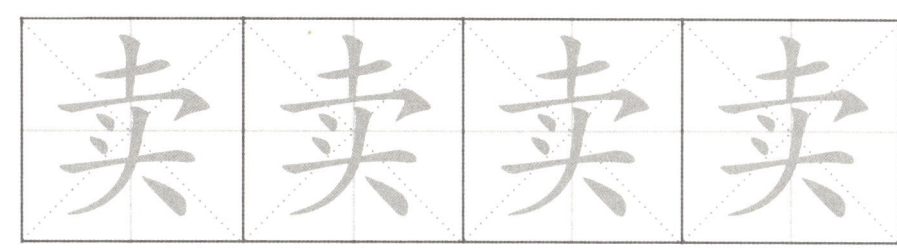

mài [賣]
十部（十字头）
十 + 买 mǎi

8 画 一 十 士 土 吉 卖 卖 卖

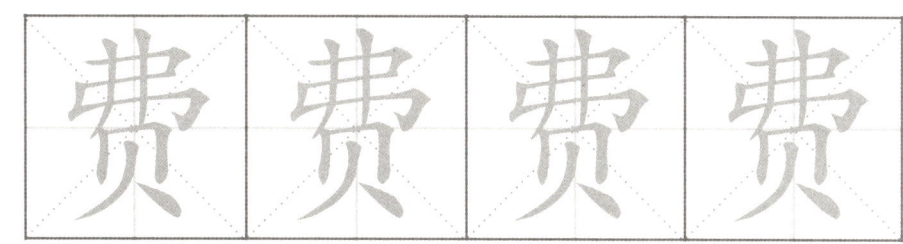

fèi [費]
贝部
弗 fú + 贝

9 画 一 コ 弓 弓 弗 弗 弗 费 费

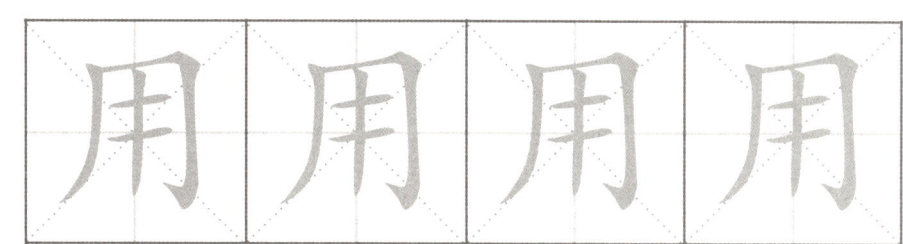

yòng
用部

5 画 丿 冂 月 月 用

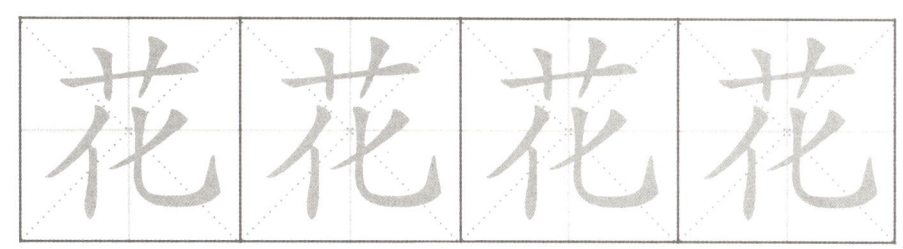

huā
艹部（草字头）
艹 + 化 huà

7 画 一 十 艹 艹 卉 花 花

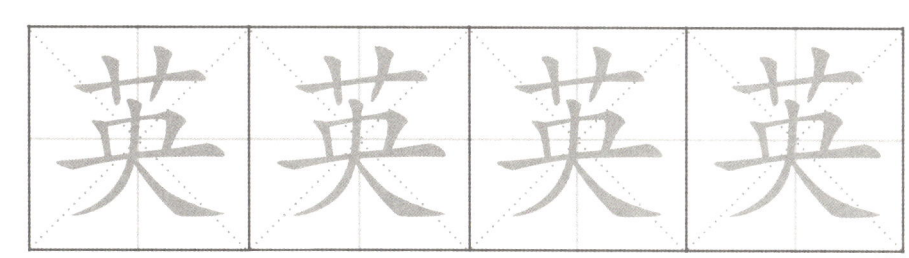

yīng
艹部（草字头）
艹 + 央 yāng

8 画 一 十 艹 艹 苎 苎 英 英

第三课

临写

卖	卖	卖	卖	卖	卖	卖	卖	卖	卖	卖	卖

賣	賣	賣	賣	賣	賣	賣	賣	賣	賣	賣	賣

费	费	费	费	费	费	费	费	费	费	费	费

費	費	費	費	費	費	費	費	費	費	費	費

用	用	用	用	用	用	用	用	用	用	用	用

花	花	花	花	花	花	花	花	花	花	花	花

英	英	英	英	英	英	英	英	英	英	英	英

L3.10 练习

1 写汉字

Yǒu yí gè nǔqīngnián jiào Yīng Xiǎohóng, jīnnián 26 suì. Tā zài Běijīng gōngzuò, yí gè yuè de gōngzī 4000 duō.

Fángqián、chēqián、shuǐfèi、diànfèi shénmede, tā yòng 2500 duō. Mǎi yīfu kàn qíngkuàng, shàng gè yuè tā huāle chàbuduō 1000. Rénmen shuō tā hěn huì chuān yīfu.

Yǒu yí cì tā mǎile dàyī, huāle yí gè yuè de gōngzī. Mài dàyī de rén shuō: "Xià cì mǎi yīfu zài lái zhǎo wǒ ba!"

有一個[女]輕年叫英小紅，今年二十六歲。她在北京工作，一個月的工資四千多。房錢、車錢、水費、電費什麼的，她用兩千多。買衣服看情況，上個月她花了差不多一千。人們說她很會穿衣服。有一次她買了大衣，花了一個月的工資。[考]賣大衣的人說：「下次買衣服再來找我吧.

第三课

2　写简体字

這個老頭兒工資太少，花錢太多。現在他不想工作了。他想開買賣。

3　偏旁组字

亡 次 佳 青 是 巴 那 者 兄 庫 羊 壯 馬 艮 夕 文 乍 每 占 化 西
頁 山 貝 口 阝 忄 辶 艹 足 冫 灬 衤 讠 父 木 女 心 衣 亻 氵 彳

忙

4　阅读

　　这个美国妇女回家以前，先去红桥买东西。红桥是一个很大的市场。在那儿可以买衣服、鞋、项链等等。红桥也是中国最大的珍珠市场，白的、银白的、粉红的、黑的都有。很多人一下子买四五十件。在红桥你不会说汉语也没关系，不少个体户说英语。

5　作文《我一个月的费用》

第三课

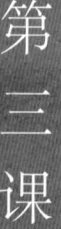
第三课

L4.1　几幾半关關

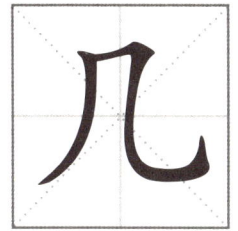

jǐ
几部

2 画　丿几

幺部
丝＋线 jī

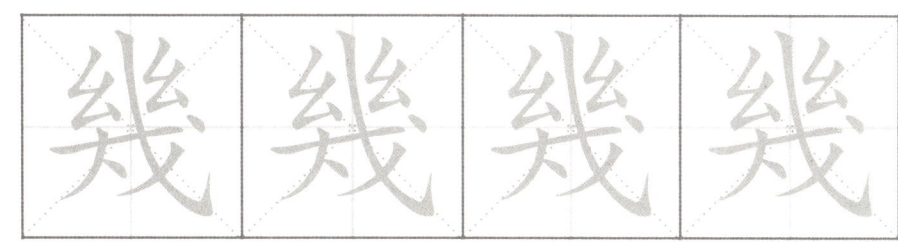

12画　ㄑ ㄠ ㄠ ㄠ ㄠ ㄠ 丝 丝 丝 絲 幾 幾

bàn
丷部（八字头）

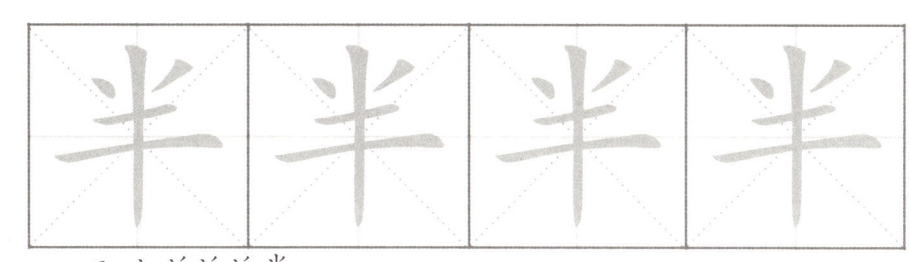

5 画　丶 丷 丷 半 半

guān
丷部（八字头）

6 画　丶 丷 丷 丷 关 关

門部
門＋絲 guān

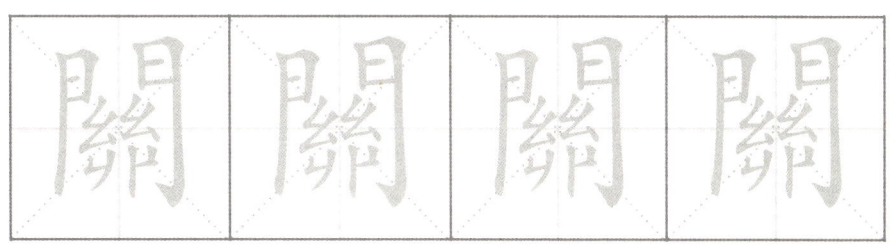

19画　丨 冂 冂 冂 冂 門 門 門 門 門 門 門 閈 閈 閈 關 關 關 關

第四课

临写

几　几　几　几　几　几　几　几　几　几　几

幾　幾　幾　幾　幾　幾　幾　幾　幾　幾　幾

半　半　半　半　半　半　半　半　半　半　半

关　关　关　关　关　关　关　关　关　关　关

關　關　關　關　關　關　關　關　關　關　關

L4.2 送过過对對

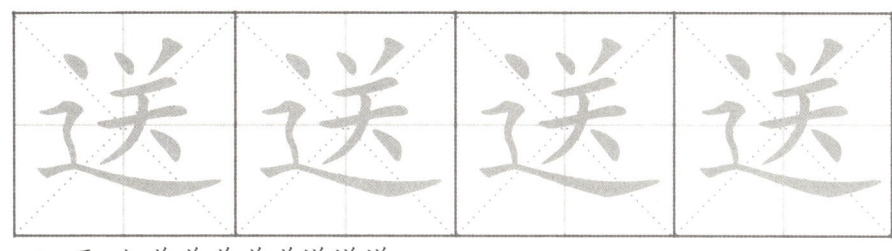

sòng
辶部（走之）
辶＋关

9 画 ` ` ` ` ` ` 关 关 关 送 送

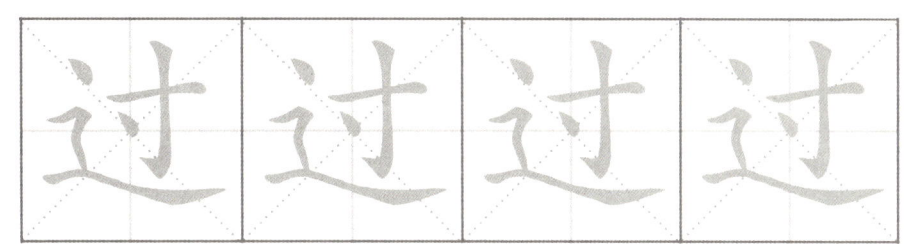

guò
辶部（走之）
辶＋寸

6 画 一 寸 寸 寸 过 过

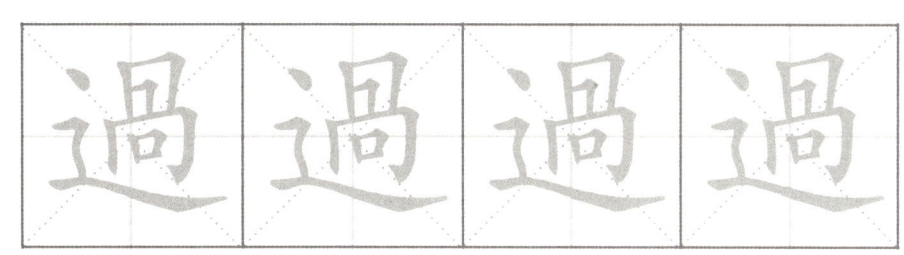

辵部
辶＋咼 guō

11画 丨 冂 冋 冋 咼 咼 咼 咼 過 過 過

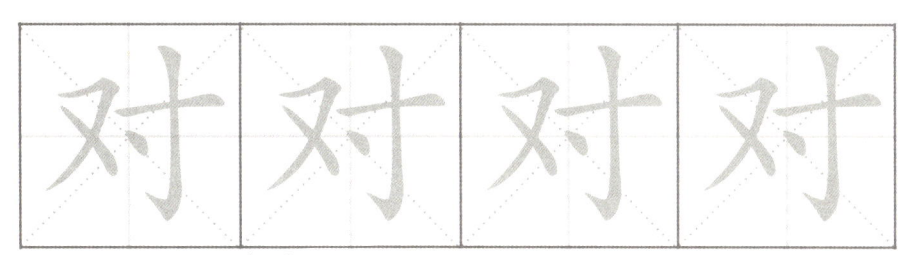

duì
寸部
又＋寸

5 画 フ 又 ㄨ 对 对

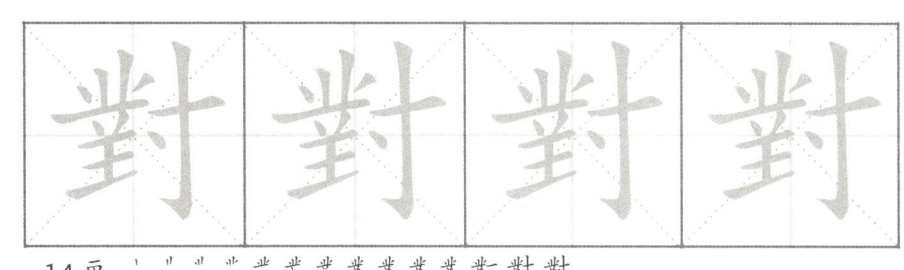

寸部
业＋寸

14画 丷 丷 业 业 业 业 業 業 業 業 對 對

第四课

临写

| 送 | 送 | 送 | 送 | 送 | 送 | 送 | 送 | 送 | 送 | 送 |
| | | | | | | | | | | |

| 过 | 过 | 过 | 过 | 过 | 过 | 过 | 过 | 过 | 过 | 过 |
| | | | | | | | | | | |

| 過 | 過 | 過 | 過 | 過 | 過 | 過 | 過 | 過 | 過 | 過 |
| | | | | | | | | | | |

| 对 | 对 | 对 | 对 | 对 | 对 | 对 | 对 | 对 | 对 | 对 |
| | | | | | | | | | | |

| 對 | 對 | 對 | 對 | 對 | 對 | 對 | 對 | 對 | 對 | 對 |

第四课

L4.3 时時等假候

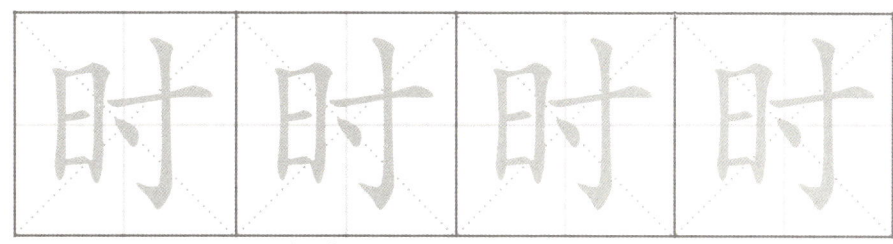

shí
日部（日字旁）
日＋寸

7 画 丨冂冂日日旷时时

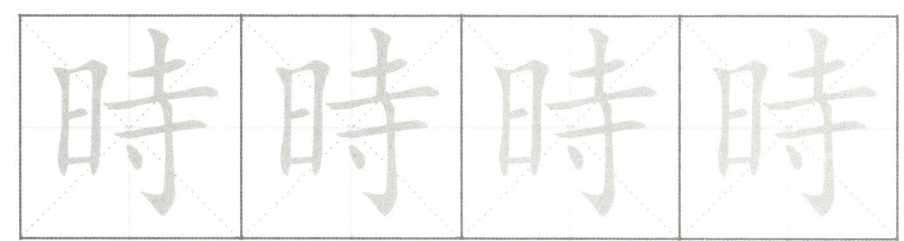

日部
日＋寺 sì

10画 丨冂冂日日旷旷旷時時

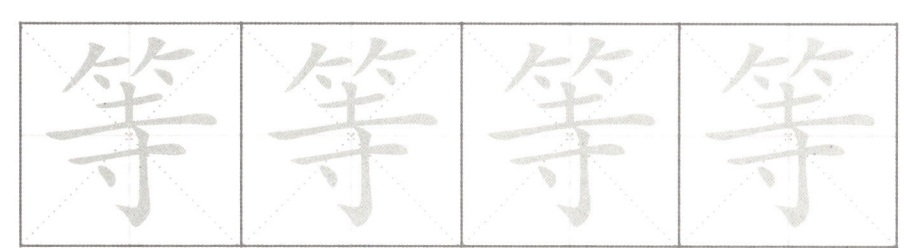

děng
竹部（竹字头）
竹＋寺

12画 ノ ┣ ┣ ┪ 竹 竹 笁 笁 笁 笁 等 等

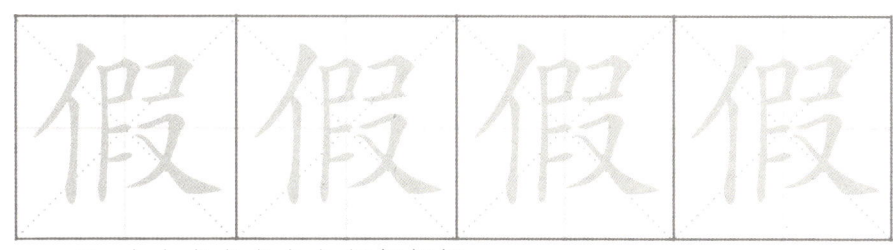

jiǎ/jià
亻部（单立人）
亻＋叚 jiǎ

11画 ノ 亻 亻 亻 仴 仴 伊 俨 假 假 假

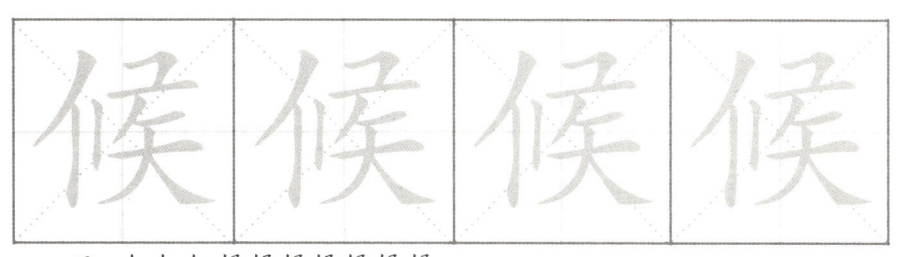

hòu
亻部（单立人）
侯 hóu ＋丨

10画 ノ 亻 亻 亻 伊 伊 伊 候 候 候

第四课

150

临写

时 时 时 时 时 时 时 时 时 时 时

時 時 時 時 時 時 時 時 時 時 時

等 等 等 等 等 等 等 等 等 等 等

假 假 假 假 假 假 假 假 假 假 假

候 候 候 候 候 候 候 候 候 候 候

第四课

L4.4 分到刻该孩

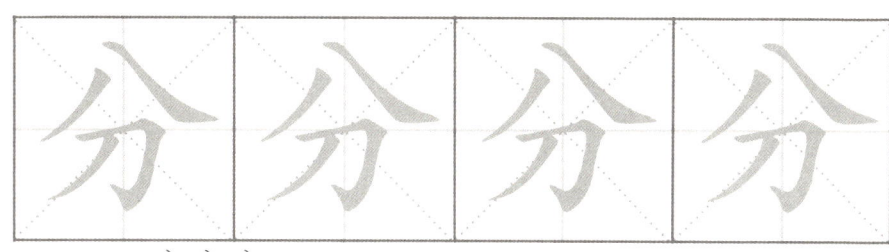

fēn
刀部
八 + 刀

4 画 丿 八 分 分

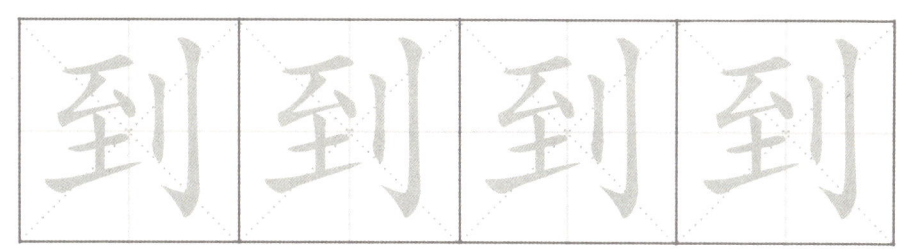

dào
刂部（立刀旁）
至 + 刂 dāo

8 画 一 工 エ 互 至 至 到 到

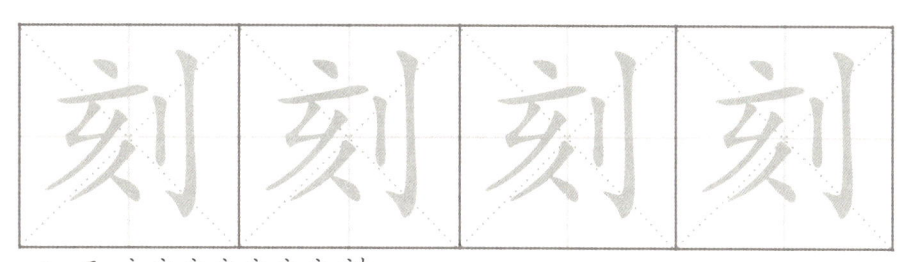

kè
刂部（立刀旁）
亥 hài + 刂

8 画 丶 一 亠 亅 亥 亥 刻 刻

gāi [該]
讠部（言字旁）
讠 + 亥 hài

8 画 丶 讠 讠 讠 讠 该 该 该

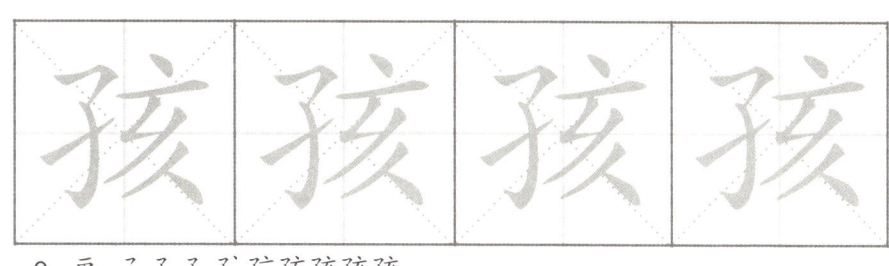

hái
子部
子 + 亥 hài

9 画 了 了 子 孑 孑 孑 孩 孩 孩

第四课

临写

分 分 分 分 分 分 分 分 分 分 分

到 到 到 到 到 到 到 到 到 到 到

刻 刻 刻 刻 刻 刻 刻 刻 刻 刻 刻

该 该 该 该 该 该 该 该 该 该 该

該 該 該 該 該 該 該 該 該 該 該

孩 孩 孩 孩 孩 孩 孩 孩 孩 孩 孩

L4.5 练习

1 写汉字

(yī)　■　Yínháng jǐ diǎn kāimén, jǐ diǎn guānmén?
　　　▲　Bā diǎn bàn kāimén, wǔ diǎn chà yí kè guānmén.
(èr)　Dàxué Wǔyuè sānshíyī rì fàngjià, duì ma?
(sān)　■　Nǐ shénme shíhou yǒu kòng?
　　　▲　Xiànzài méiyǒu, děi děng bàn gè xiǎoshí.
(sì)　Sān diǎn guò shí fēn wǒ háizi dào zhèr lái děng wǒ.
(wǔ)　Māma sòng háizi shàngxué de shíhou, bàba hái zài mǎi zǎodiǎn.

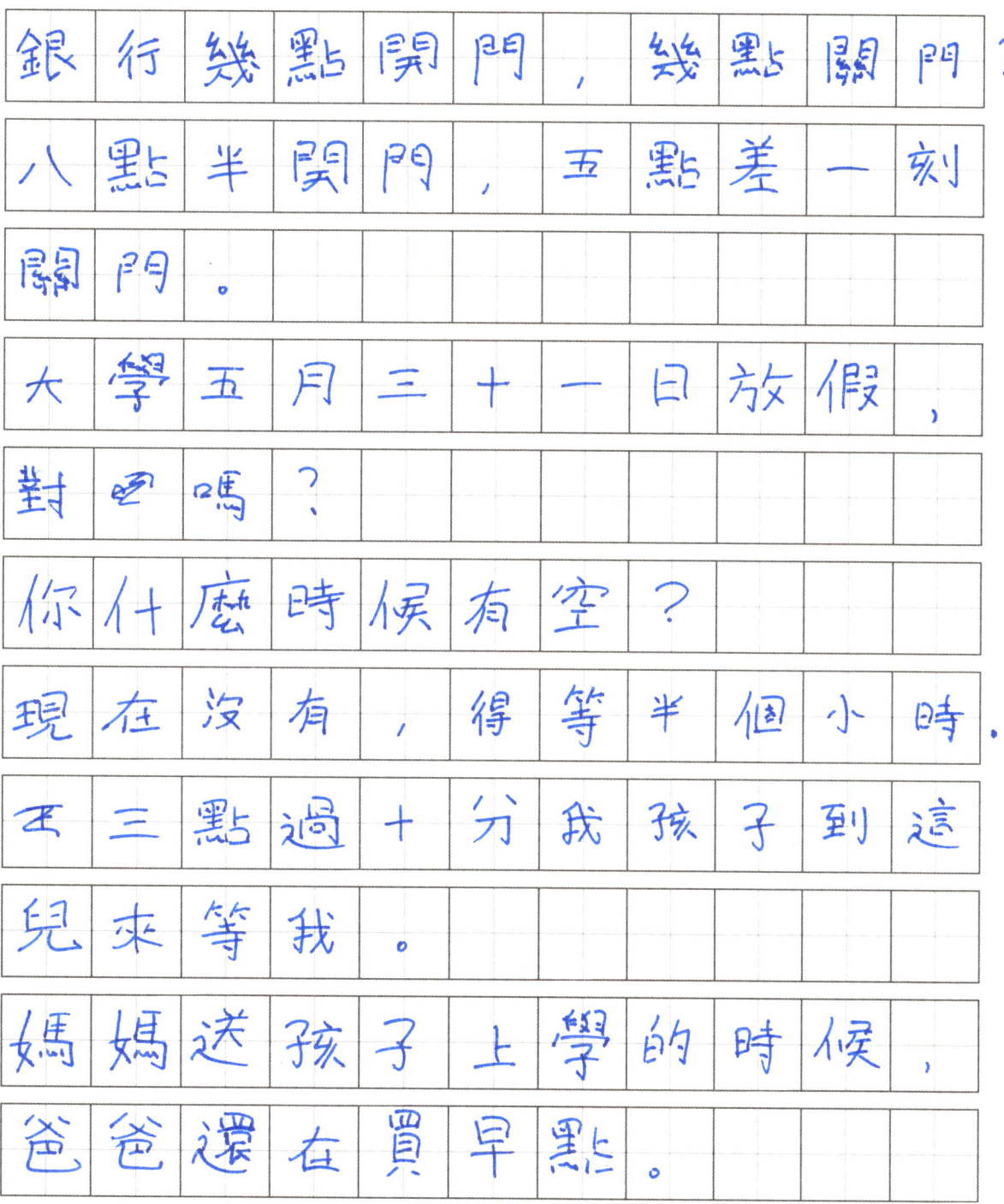

銀行幾點開門，幾點關門？
八點半關門，五點差一刻關門。
大學五月三十一日放假，對吧嗎？
你什麼時候有空？
現在沒有，得等半個小時。
三點過十分我孩子到這兒來等我。
媽媽送孩子上學的時候，爸爸還在買早點。

第四课

154

2 偏旁接龙

送	过												

3 写简体字
書房幾點開門，幾點關門？

九點過一刻開門。

4 阅读

　　这个女青年叫马小月，从河南到北京打工。她五点卖早点，六点半去第一家工作。她要送孩子上学、洗衣服、打扫房间。十二点一刻她去第二家。这家的孩子还小，没上学。她看孩子、买东西、给孩子洗澡，等父母回家以后就去第三家。那是一个九十五岁的老头儿。小马得给他穿衣服什么的。有空的时候她跟老头儿看电视。

5 作文《学汉语》

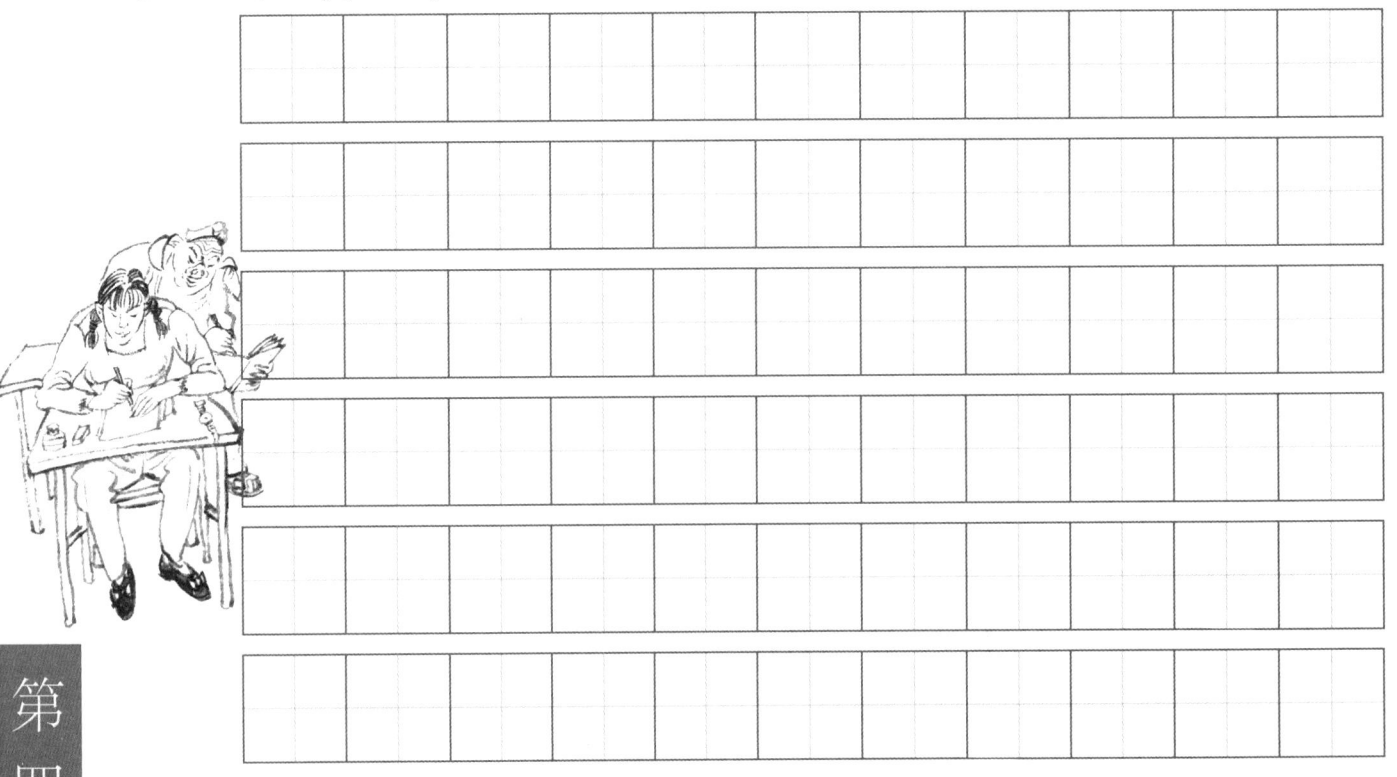

第四课

第四课

第四课

L4.6 应應必须事

yīng
广部（广字旁）

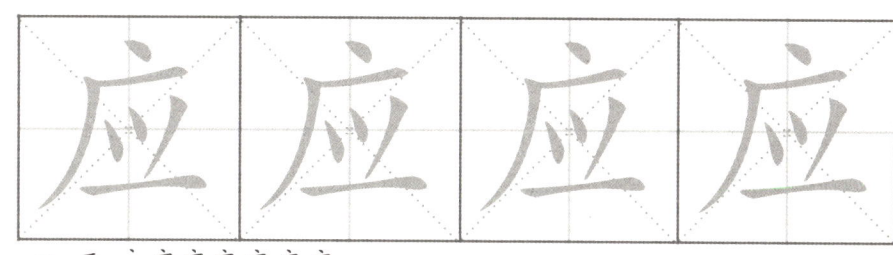
7 画 `亠广广广应应

心部
雁 yīng ＋心

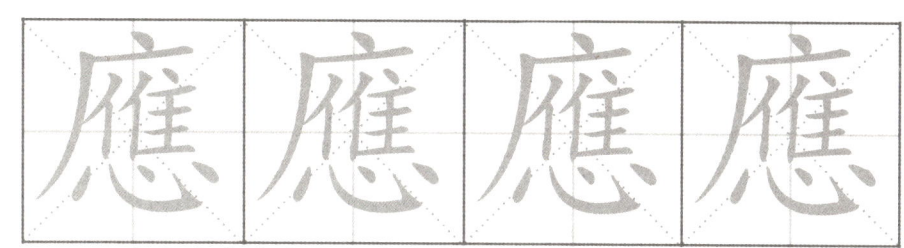
17画 `亠广广广庐庐庐庐庐雁雁雁雁應應應

bì
心部

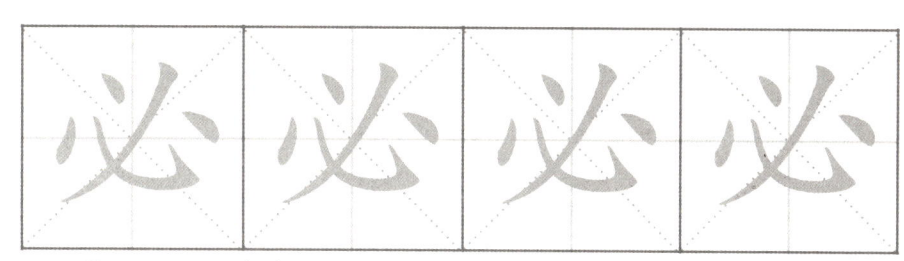
5 画 `心心必必

xū [須]
页部
彡＋页

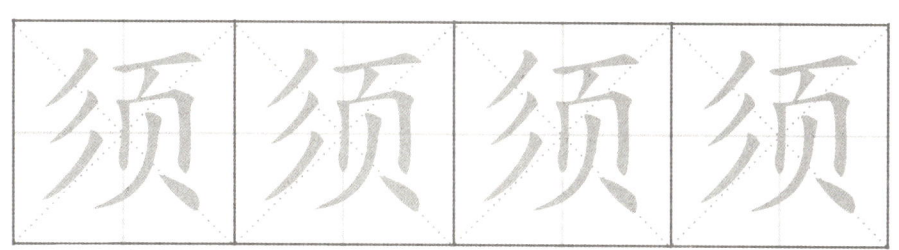
9 画 `彡彡彡彡彡须须须

shì
一部

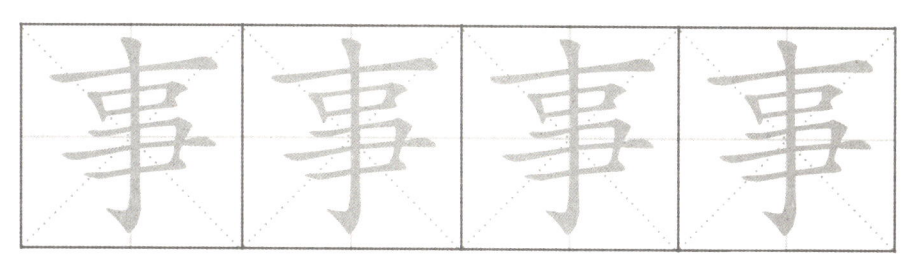
8 画 一丁下写写写事

第四课

临写

应　应 应 应 应 应 应 应 应 应 应

應　應 應 應 應 應 應 應 應 應 應

必　必 必 必 必 必 必 必 必 必 必

须　须 须 须 须 须 须 须 须 须 须

須　須 須 須 須 須 須 須 須 須 須

事　事 事 事 事 事 事 事 事 事 事

第四课

yǐ
人部

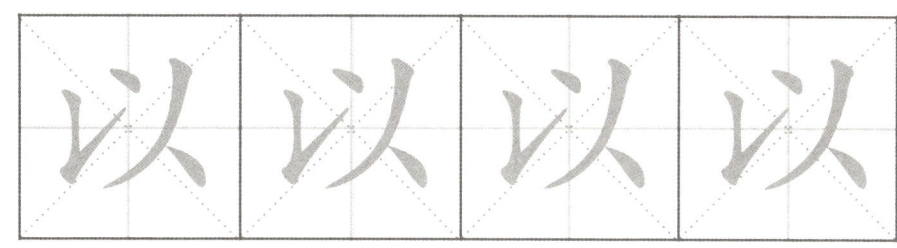

4 画 ㇏ 以 以 以

cóng
人部
人＋人

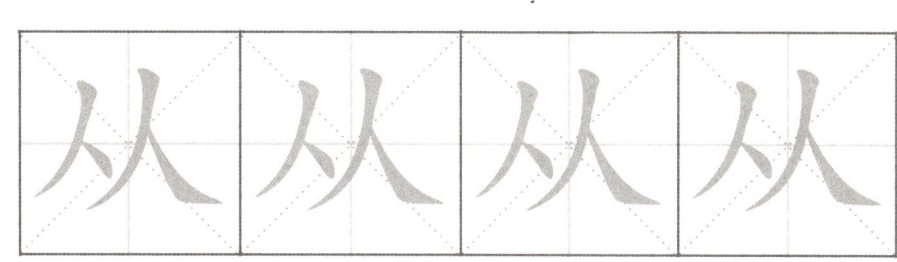

4 画 丿 人 从 从

彳部
彳＋从cóng＋止

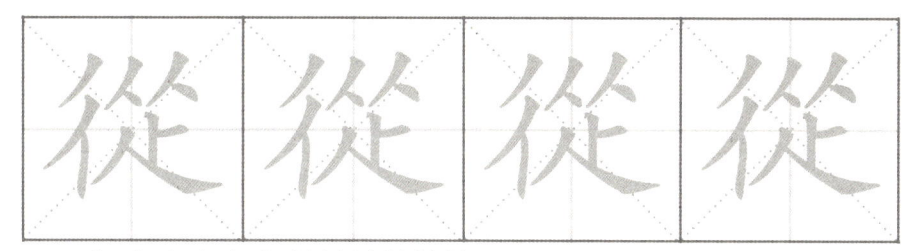

11画 丿 彡 彳 彳 彿 彿 從 從 從 從 從

hòu
口部

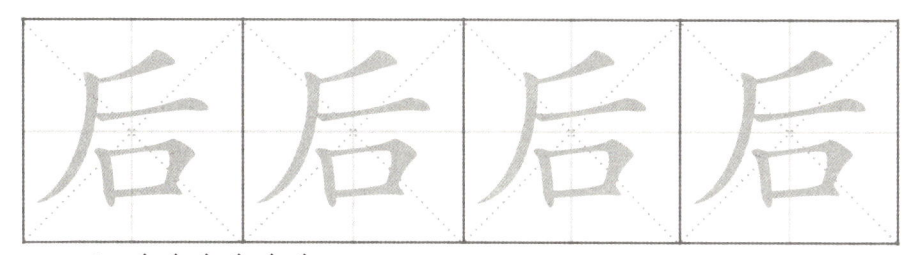

6 画 一 厂 厂 斤 后 后

彳部
彳＋幺＋夂

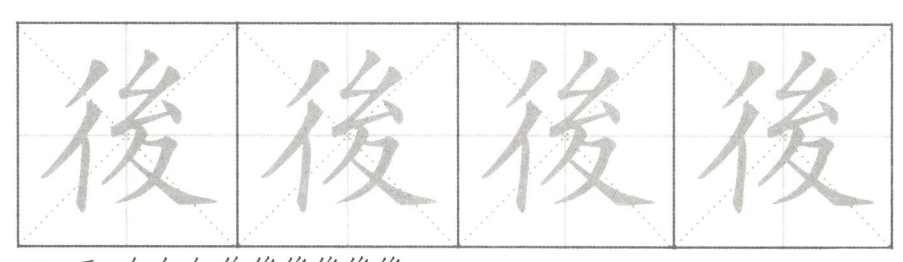

9 画 丿 彡 彳 彳 彳 後 後 後 後

第四课

临写

以	以	以	以	以	以	以	以	以	以	以	以
从	从	从	从	从	从	从	从	从	从	从	
從	從	從	從	從	從	從	從	從	從	從	
后	后	后	后	后	后	后	后	后	后	后	
後	後	後	後	後	後	後	後	後	後	後	

第四课

L4.8 新听聽德闻

xīn
斤部
亲 qīn + 斤

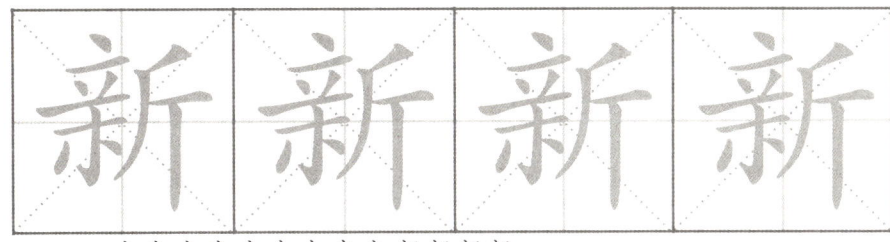

13画 `丶亠亠立立辛辛亲亲新新新`

tīng
口部
口 + 斤 jīn

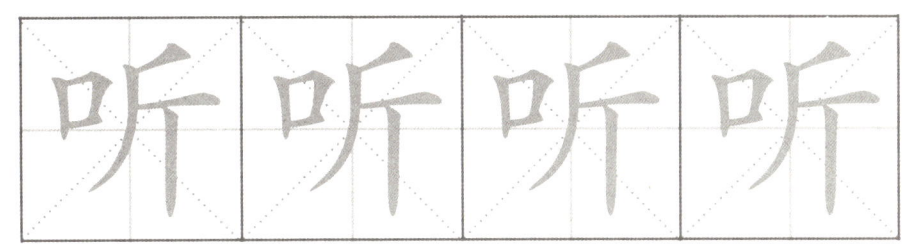

7画 `丶丨丬口吖听听`

耳部
耳 + 王 tǐng + 惪

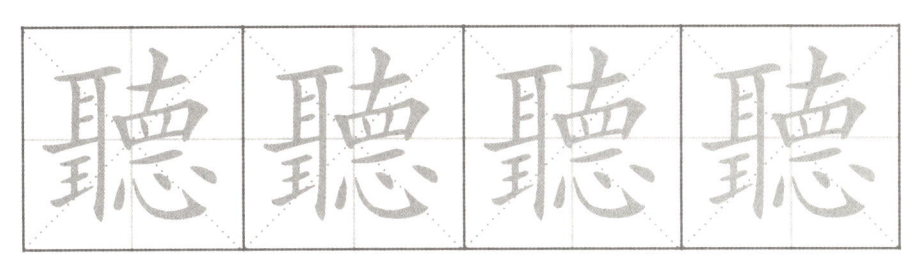

22画 `一丨丬丬丬丬丬丬丬丬丬丬丬丬丬丬丬丬丬聽聽聽`

dé
彳部（双立人）
彳 + 惪 dé

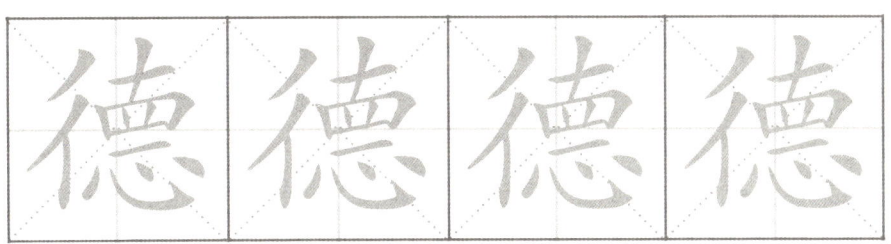

15画 `丿彳彳彳彳彳彳彳德德德德德德德`

wén [聞]
耳部
门 mén + 耳

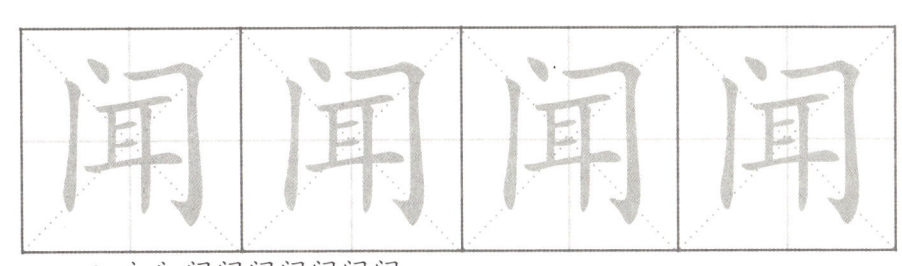

9画 `丶丨门门闩闩闻闻闻`

临写

新	新	新	新	新	新	新	新	新	新	新

听	听	听	听	听	听	听	听	听	听	听

聽	聽	聽	聽	聽	聽	聽	聽	聽	聽	聽

德	德	德	德	德	德	德	德	德	德	德

闻	闻	闻	闻	闻	闻	闻	闻	闻	闻	闻

聞	聞	聞	聞	聞	聞	聞	聞	聞	聞	聞

第四课

zuì
日部
日＋取 qǔ

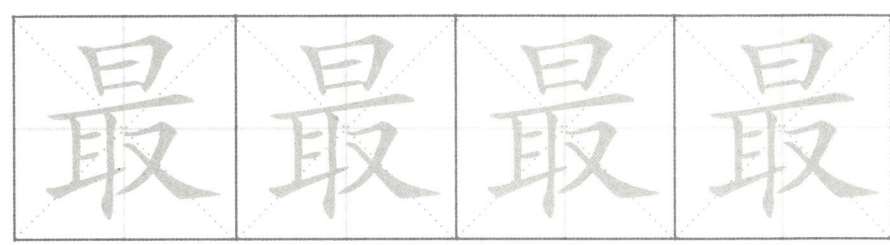

12画 丶 冂 冃 日 旦 罜 昻 昻 昻 最 最 最

xīng
日部
日＋生 shēng

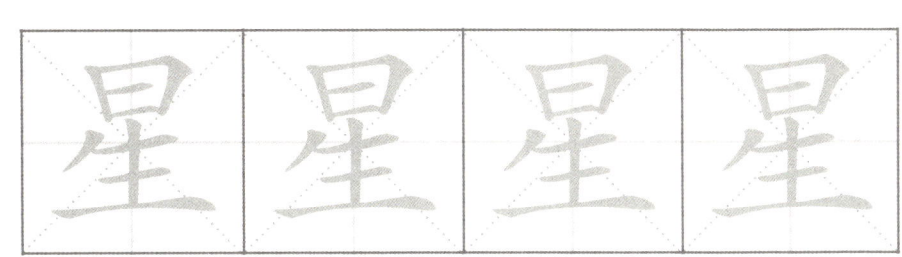

9画 丶 冂 冂 日 旦 旦 旦 星 星

qī
月部
其 qí ＋月

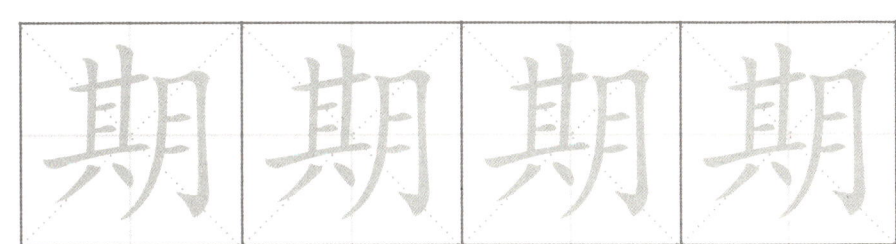

12画 一 十 卄 卄 甘 甚 其 其 期 期 期 期

qián
刂部（立刀旁）

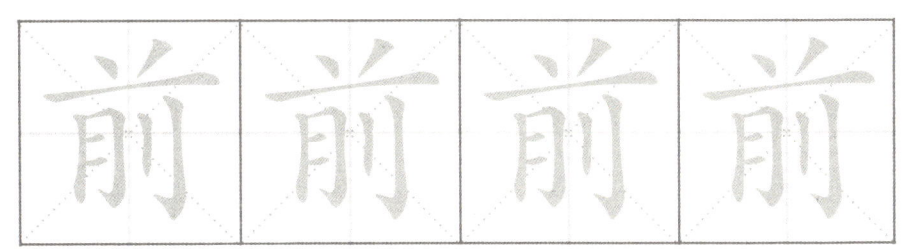

9画 丶 丷 丷 广 芦 芦 芦 前 前

néng
月部

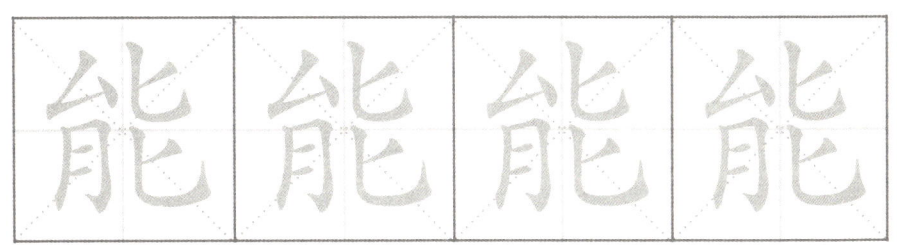

10画 厶 厶 亇 亇 育 育 能 能 能

第四课

临写

最 最 最 最 最 最 最 最 最 最 最

星 星 星 星 星 星 星 星 星 星 星

期 期 期 期 期 期 期 期 期 期 期

前 前 前 前 前 前 前 前 前 前 前

能 能 能 能 能 能 能 能 能 能 能

第四课

L4.10 练习

1 写汉字

(yī) Zhōngguó zhōngxuéshēng dōu bìxū xué Yīngyǔ, yǒu de hái xué Déyǔ、Fǎyǔ、Rìyǔ děngděng.

(èr) Jīntiān yǒu shénme zuì xīn xīnwén?

(sān) ■ Nǐ kànguo Bā Jīn de xiǎoshuō «Jiā» ma?

▲ Wǒ cónglái méi tīngshuōguo zhè běn shū. Yīnggāi kàn ma?

(sì) Cóng Běijīng dào Shànghǎi zuò chē yào shí gè xiǎoshí, duì bú duì?

(wǔ) Tiánzhōng xiǎng qǐng Hǎiyīng qù kàn shūfǎ. Hǎiyīng zhè xīngqī hěn máng, zuì zǎo Xīngqīrì yǒu kòng.

中國中學生都必須學英語，
有的還學德語、法語、日
語等等。
今天有什麼最新新聞？
你看過八金的小說「家」
嗎？
我從來沒聽說過這本書。
房應該看嗎？
從北京到上海坐車要一個
小時，對不對？
天中想請海片英去看書法。
海英這星期很忙，最早星
期日有空。

第四课

166

2　写简体字

從幾點到幾點學生們應該聽英語新聞？

（空格表格）

3　偏旁组字

页	亲	门	日	月	辶	又	𥫗	刂	孑	刀
亥	关	寸	取	寺	至	生	耳	斤	其	八	夕

（空格表格）

4　阅读

　　方红是一年级的学生。这学期九月一日开学，明年一月三十日放假，放一个月。一年级有四门必修课，有听力、会话、识字、语法，必须上。书法、新闻、对话不是必修课，可以不上。她每天上午有四节课，从八点一刻到十二点。下午事情也很多。她得看课文、写生词、做作业等等。一个星期都很忙。

5　作文《我的一天》

（空格表格）

第四课

第四课

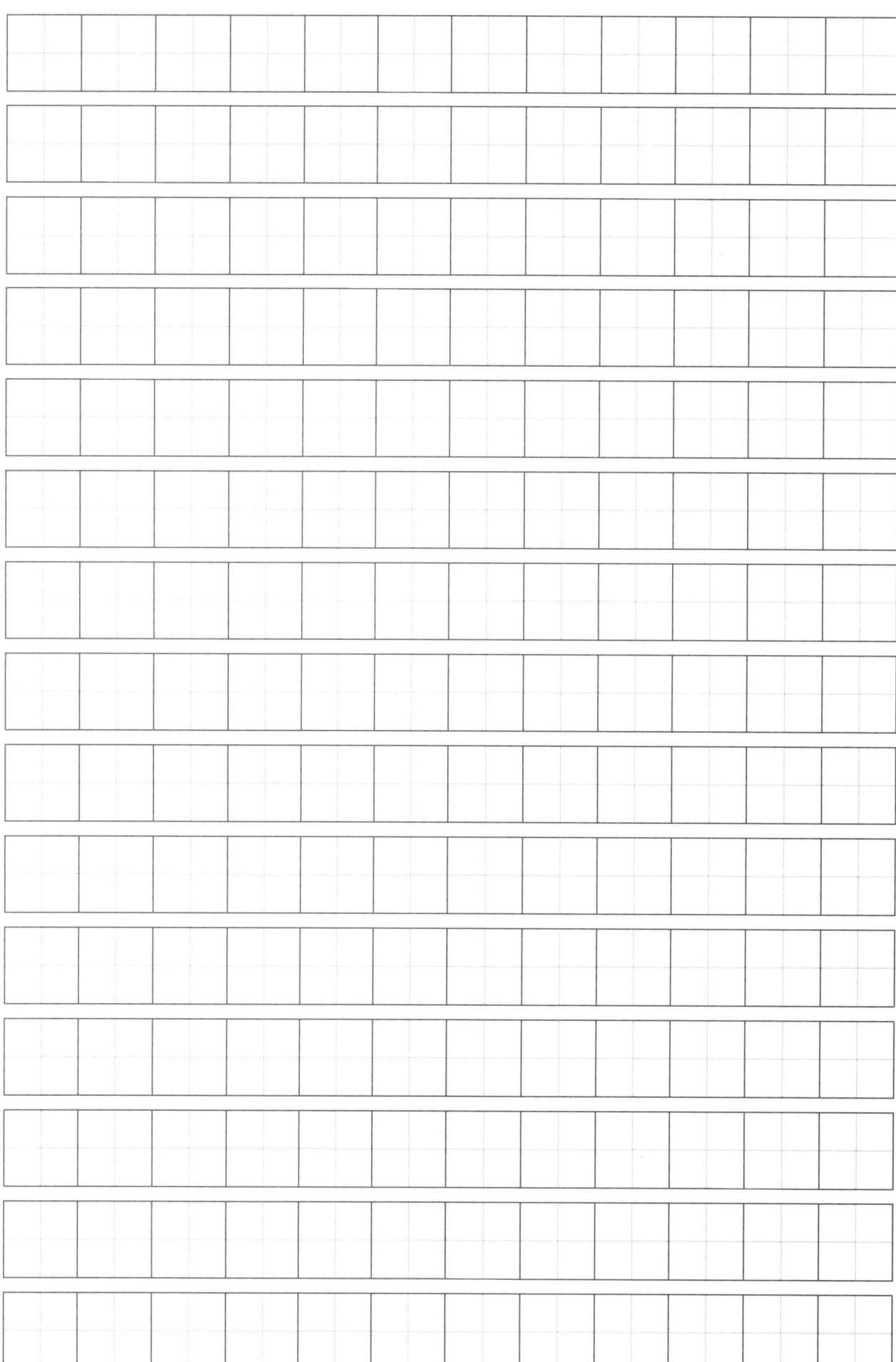

第四课

L5.1 食饭馆饺饱

shí
食部

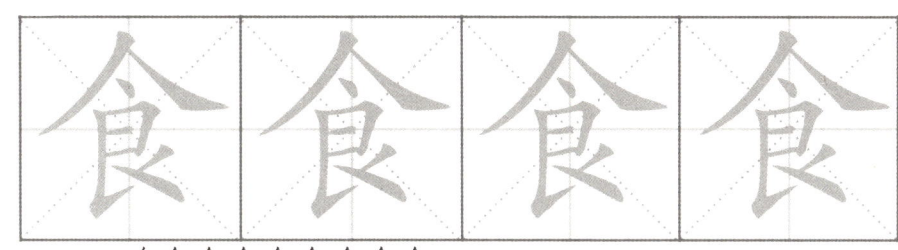

9 画 ノ 人 亼 亼 今 今 食 食 食

fàn [飯]
饣部（食字旁）
饣＋反 fǎn

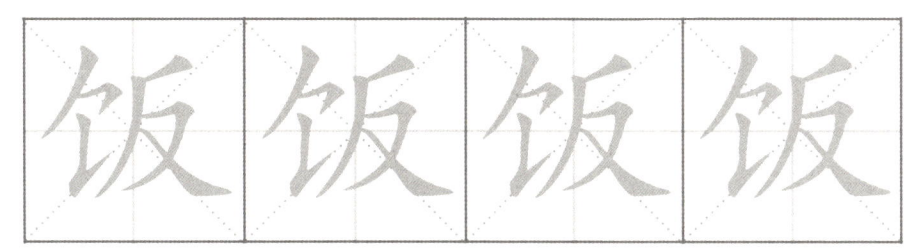

7 画 ノ ノ 饣 饣 饣 饭 饭

guǎn [館]
饣部（食字旁）
饣＋官 guān

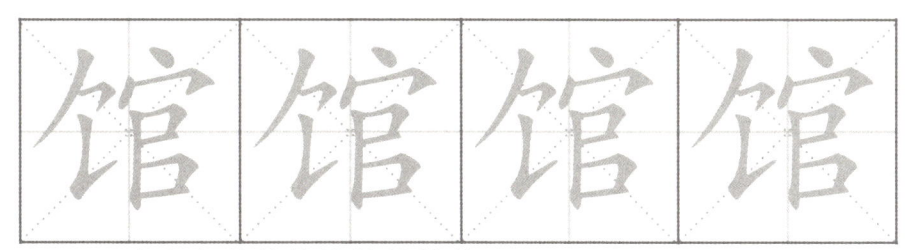

11画 ノ ノ 饣 饣 饣 饣 馆 馆 馆 馆 馆

jiǎo [餃]
饣部（食字旁）
饣＋交 jiāo

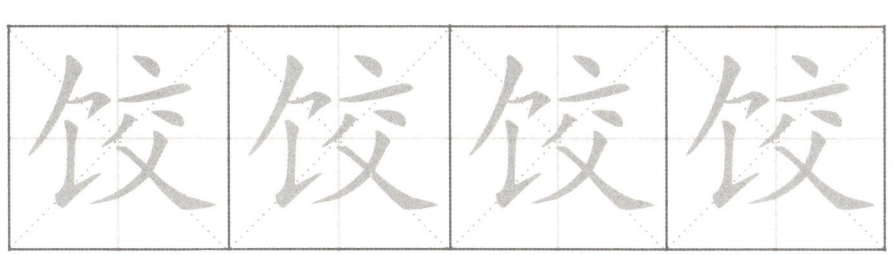

9 画 ノ ノ 饣 饣 饣 饣 饺 饺 饺

bǎo [飽]
饣部（食字旁）
饣＋包 bāo

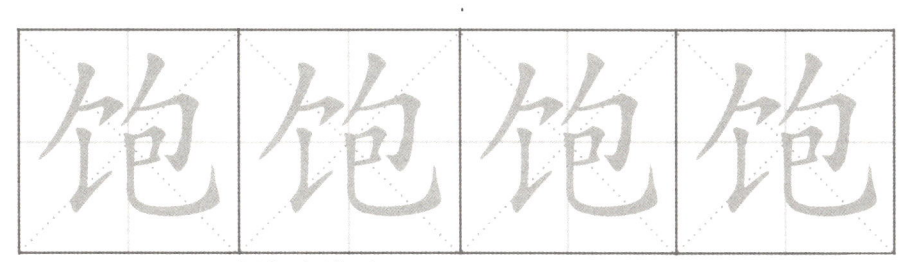

8 画 ノ ノ 饣 饣 饣 饱 饱 饱

第五课

食 食 食 食 食 食 食 食 食 食 食 食

饭 饭 饭 饭 饭 饭 饭 饭 饭 饭 饭

飯 飯 飯 飯 飯 飯 飯 飯 飯 飯 飯

馆 馆 馆 馆 馆 馆 馆 馆 馆 馆 馆

館 館 館 館 館 館 館 館 館 館 館

饺 饺 饺 饺 饺 饺 饺 饺 饺 饺 饺

餃 餃 餃 餃 餃 餃 餃 餃 餃 餃 餃

饱 饱 饱 饱 饱 饱 饱 饱 饱 饱 饱

飽 飽 飽 飽 飽 飽 飽 飽 飽 飽 飽

L5.2 吃喝酒醋酸

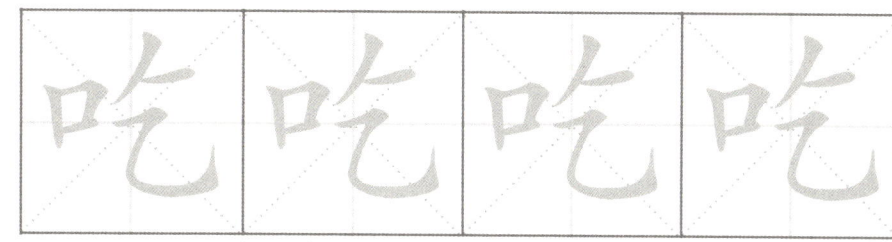

chī
口部（口字旁）
口＋乞 qǐ

6画 ノ 丨 口 口 吃 吃

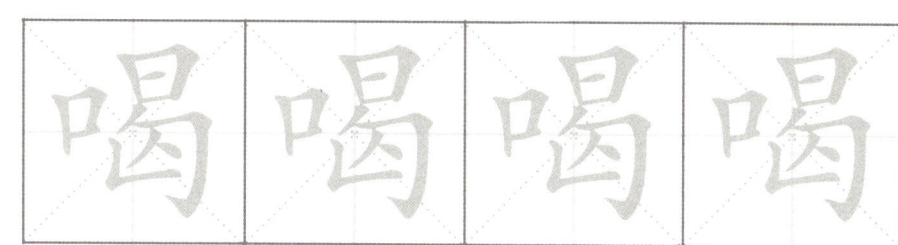

hē
口部（口字旁）
口＋曷 hé

12画 丨 口 口 口 咽 咽 咽 吲 喝 喝 喝 喝

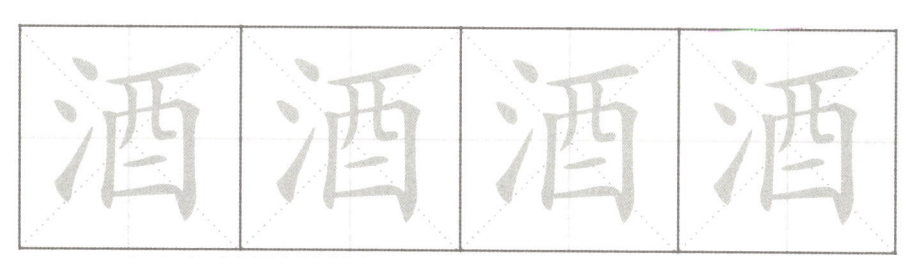

jiǔ
氵部（三点水）
氵＋酉 yǒu

10画 丶 丶 氵 汀 汀 汀 沔 洒 洒 酒

cù
酉部
酉＋昔 xī

15画 一 厂 厂 厅 丙 丙 酉 酉 酌 酌 醋 醋 醋 醋 醋

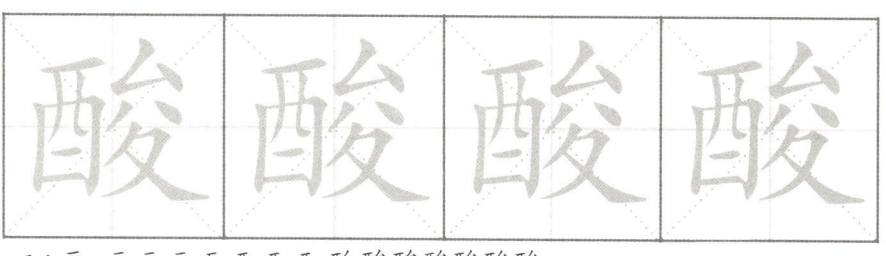

suān
酉部
酉＋夋 qún

14画 一 厂 厂 厅 丙 丙 酉 酉 酌 酌 酌 酸 酸 酸

第五课

临写

| 吃 | 吃 | 吃 | 吃 | 吃 | 吃 | 吃 | 吃 | 吃 | 吃 | 吃 |

| 喝 | 喝 | 喝 | 喝 | 喝 | 喝 | 喝 | 喝 | 喝 | 喝 | 喝 |

| 酒 | 酒 | 酒 | 酒 | 酒 | 酒 | 酒 | 酒 | 酒 | 酒 | 酒 |

| 醋 | 醋 | 醋 | 醋 | 醋 | 醋 | 醋 | 醋 | 醋 | 醋 | 醋 |

| 酸 | 酸 | 酸 | 酸 | 酸 | 酸 | 酸 | 酸 | 酸 | 酸 | 酸 |

第五课

L5.3 火烤炒煮熟

huǒ
火部

4 画 丶 丷 ⺌ 火

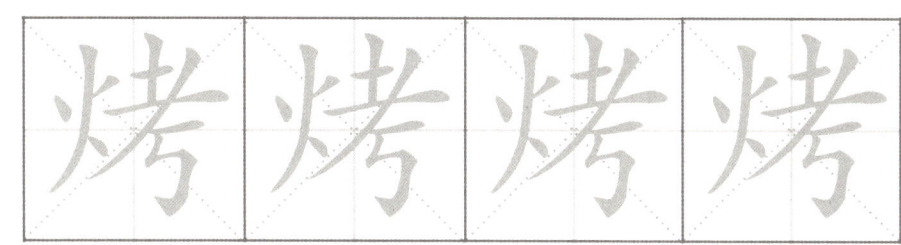

kǎo
火部（火字旁）
火 + 考 kǎo

10画 丶 丷 ⺌ 火 灯 灶 烘 烤 烤 烤

chǎo
火部（火字旁）
火 + 少 shǎo

8 画 丶 丷 ⺌ 火 灯 灿 炒 炒

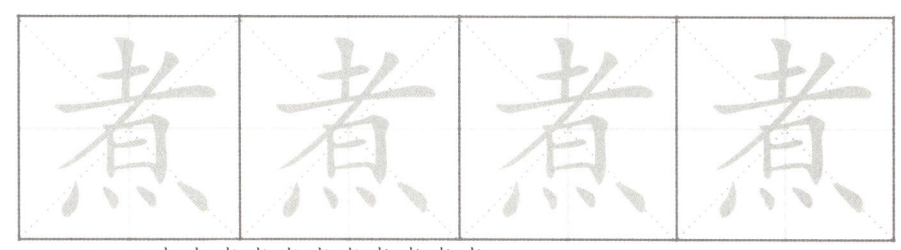

zhǔ
灬部（四点）
者 zhě + 灬

12画 一 十 土 耂 老 者 者 者 者 煮 煮 煮

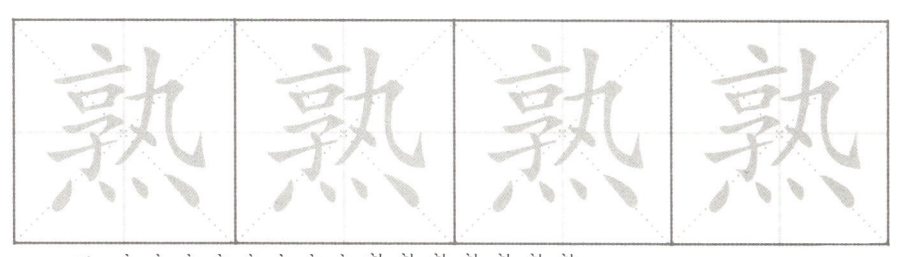

shú (又音shóu)
灬部（四点）
孰 shú + 灬

15画 丶 二 亠 六 古 亨 亨 享 郭 孰 孰 孰 熟 熟 熟

第五课

火	火	火	火	火	火	火	火	火	火	火	火
烤	烤	烤	烤	烤	烤	烤	烤	烤	烤	烤	烤
炒	炒	炒	炒	炒	炒	炒	炒	炒	炒	炒	炒
煮	煮	煮	煮	煮	煮	煮	煮	煮	煮	煮	煮
熟	熟	熟	熟	熟	熟	熟	熟	熟	熟	熟	熟

第五课

L5.4 热熟冷茶菜

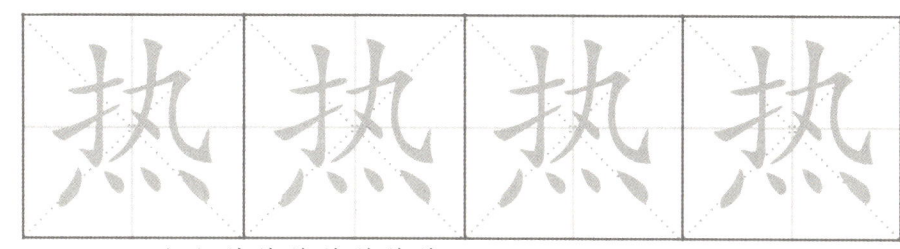

rè
灬部（四点）
执 + 灬

10画 一 十 才 扚 执 执 热 热 热 热

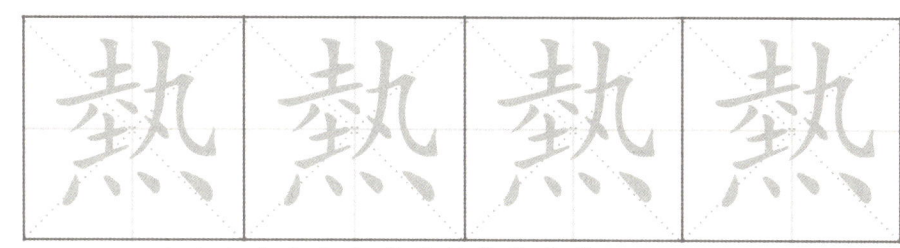

火部
埶 yì + 灬

15画 一 十 土 耂 耂 耂 坴 坴 郣 埶 埶 埶 熱 熱 熱

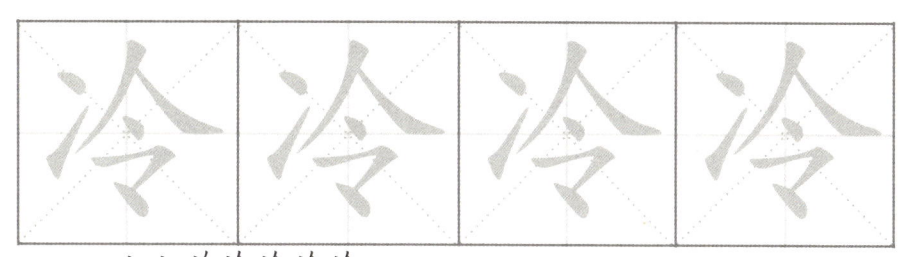

lěng
冫部（两点水）
冫 + 令 lìng

7画 丶 冫 冫 夕 冷 冷 冷

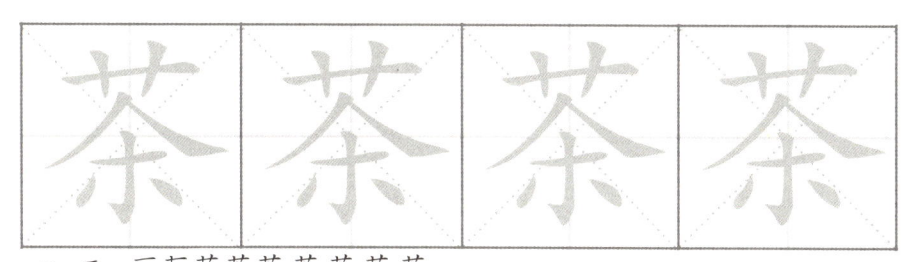

chá
艹部（草字头）

9画 一 十 艹 艹 艾 苳 苓 茶 茶

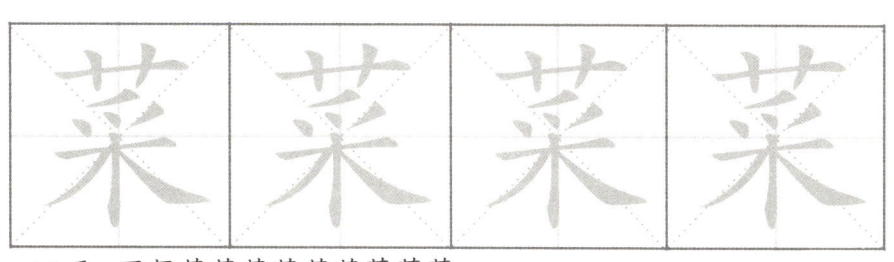

cài
艹部（草字头）
艹 + 采 cǎi

11画 一 十 艹 艹 艹 艹 苂 莖 茔 苹 菜 菜

第五课

临写

热　热　热　热　热　热　热　热　热　热　热

熱　熱　熱　熱　熱　熱　熱　熱　熱　熱　熱

冷　冷　冷　冷　冷　冷　冷　冷　冷　冷　冷

茶　茶　茶　茶　茶　茶　茶　茶　茶　茶　茶

菜　菜　菜　菜　菜　菜　菜　菜　菜　菜　菜

L5.5 练习

1　写汉字

(yī)　Fāng dàjiě zài jiā hē báikāishuǐ, chī jiǎozi.

(èr)　Tā gēge zài fànguǎn hē jiǔ, chī chǎo báicài.

(sān)　Zhège xuésheng méi chī zǎofàn,
　　　tā hēle yì bēi hóngchá.

(sì)　■　Nǐ chī jiǎozi fàng cù ma?
　　　▲　Wǒ bú fàng, wǒ bù néng chī
　　　　　suān de.

(wǔ)　■　Nǐ zài chī yìdiǎnr ba!
　　　▲　Wǒ chībǎo le, bù néng zài chī le.

2　写部首

kǒuzìpáng　　shízìpáng　　sāndiǎnshuǐ　　huǒzìpáng　　sìdiǎn　　liǎngdiǎnshuǐ
guǎngzìpáng　　zhúzìtóu　　wángzìpáng　　lìdāopáng　　cǎozìtóu

3　写简体字
我們在飯館兒吃餃子，喝熱茶，吃得很飽。

4　阅读
　　中国菜有各种风味，有山东菜、广东菜、湖南菜、四川菜等等。每个菜系都有特点。山东菜的特点是清新。以前北京的山东馆子最多。广东菜常用糖醋。广东点心很有名。四川菜"百菜百味"。你没吃过四川菜吗？那你应该去吃一次麻婆豆腐。

5　作文《吃饭》

第五课

第五课

第五课

L5.6 香面麵堂常

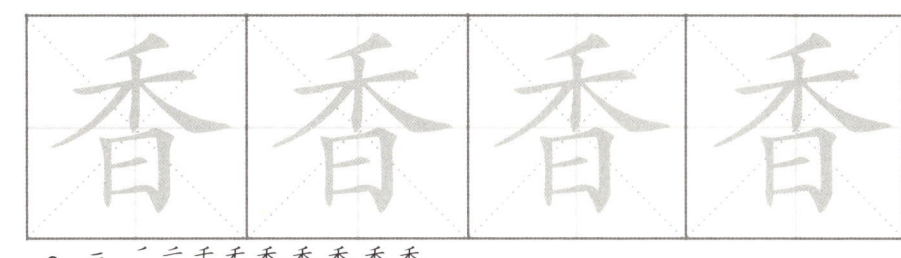

xiāng
香部

9 画 ノ 二 千 千 禾 禾 否 香 香

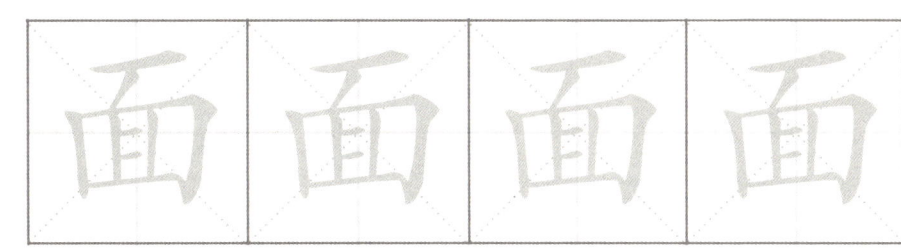

miàn
面部

9 画 一 ア ア 丙 而 面 面 面 面

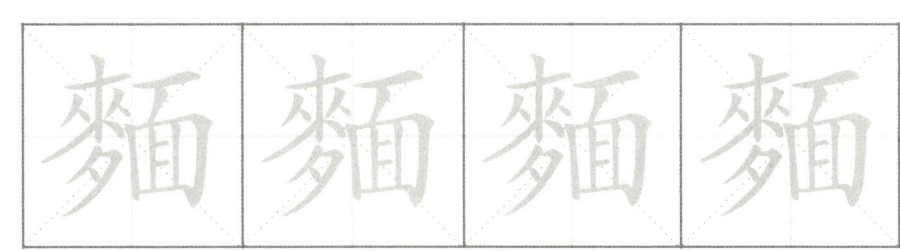

麥部
麥 + 面 miàn

20 画 一 十 才 才 中 中 丰 夾 夾 麥 麥 麥 麵 麵 麵 麵 麵 麵 麵

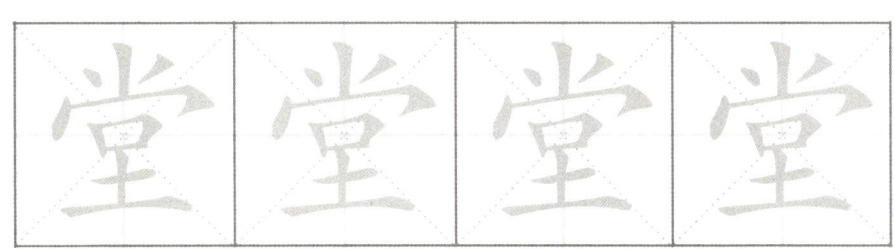

táng
土部
尚 shàng + 土

11 画 丨 丬 屮 屮 屵 屵 堂 堂 堂 堂 堂

cháng
巾部
尚 shàng + 巾

11 画 丨 丬 屮 屮 屵 屵 常 常 常 常 常

第五课

临写

香　香 香 香 香 香 香 香 香 香 香 香

面　面 面 面 面 面 面 面 面 面 面 面

麵　麵 麵 麵 麵 麵 麵 麵 麵 麵 麵 麵

堂　堂 堂 堂 堂 堂 堂 堂 堂 堂 堂 堂

常　常 常 常 常 常 常 常 常 常 常 常

L5.7 米糖汤湯烫

米　米米米米

mǐ
米部

6 画 丶 丷 䒑 半 米 米

糖　糖糖糖糖

táng
米部
米 + 唐 táng

16 画 丶 丷 䒑 半 米 米 米` 米ˊ 粐 粐 粐 粐 糖 糖 糖 糖

汤　汤汤汤汤

tāng
氵部（三点水）
氵+ 昜 yáng

6 画 丶 丶 氵 汅 汤 汤

湯　湯湯湯湯

水部
氵+ 昜 yáng

12 画 丶 丶 氵 氵 沪 沪 沪 浞 浞 渴 湯 湯

烫　烫烫烫烫

tàng [燙]
火部
汤 tāng + 火

10 画 丶 丶 氵 汅 汤 汤 汤 汤 烫 烫

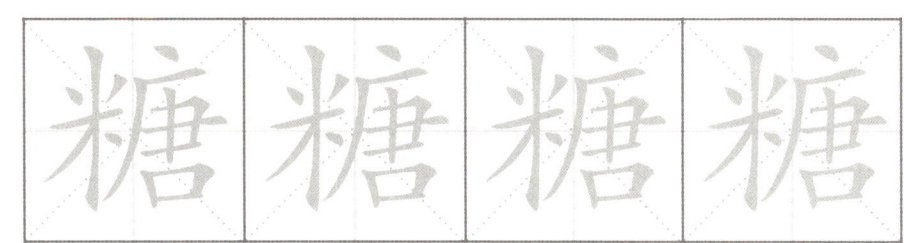

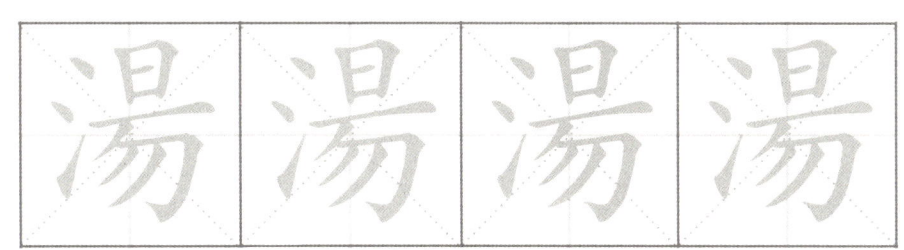

临写

米　米 米 米 米 米 米 米 米 米 米 米

糖　糖 糖 糖 糖 糖 糖 糖 糖 糖 糖

汤　汤 汤 汤 汤 汤 汤 汤 汤 汤 汤

湯　湯 湯 湯 湯 湯 湯 湯 湯 湯 湯

烫　烫 烫 烫 烫 烫 烫 烫 烫 烫 烫

燙　燙 燙 燙 燙 燙 燙 燙 燙 燙 燙

L5.8 肉鸡雞猪豬

ròu
肉部

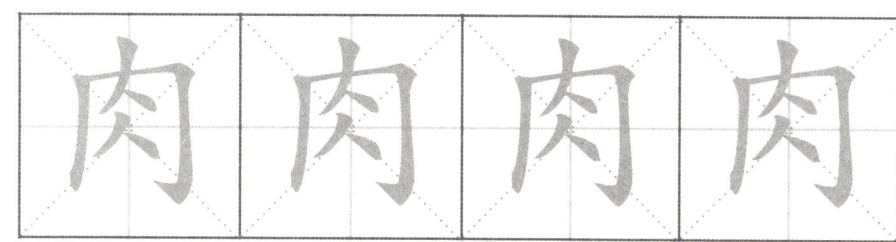

6 画 丿 冂 内 内 肉 肉

jī
鸟部
又 + 鸟

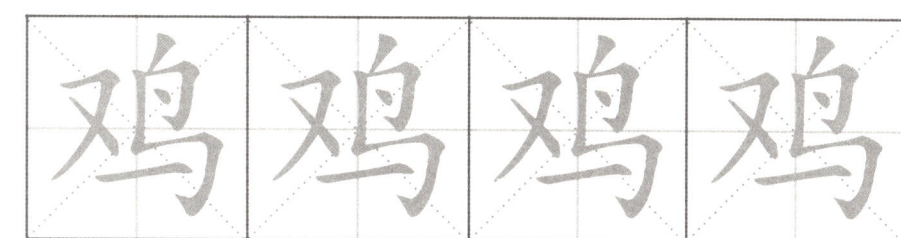

7 画 フ 又 𠄎 𠄎 𠄎 鸡 鸡

隹部
奚 xī + 隹

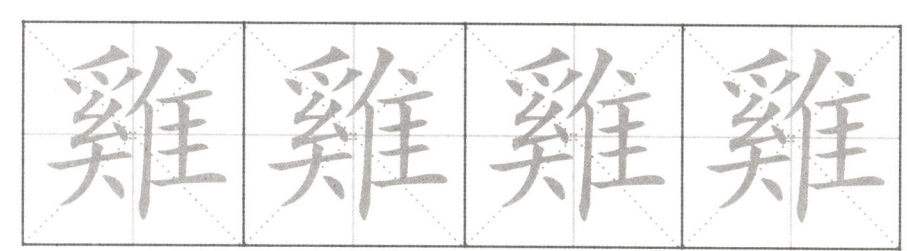

18画 ⺍ ⺍ ⺍ 爫 爫 蚤 蚤 蚤 奚 奚 雞 雞 雞 雞 雞 雞 雞 雞

zhū
犭部（反犬旁）
犭 + 者 zhě

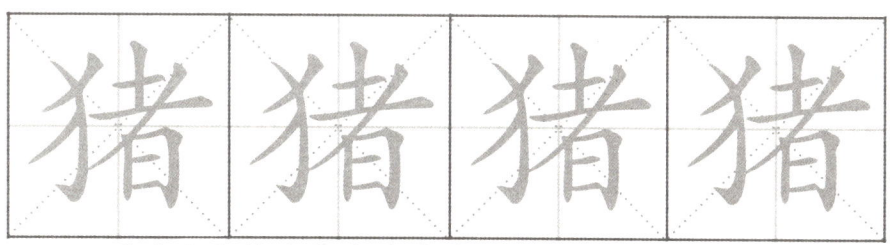

11画 ノ 丿 犭 犭 犭 狇 狋 猪 猪 猪 猪

豕部
豕 + 者 zhě

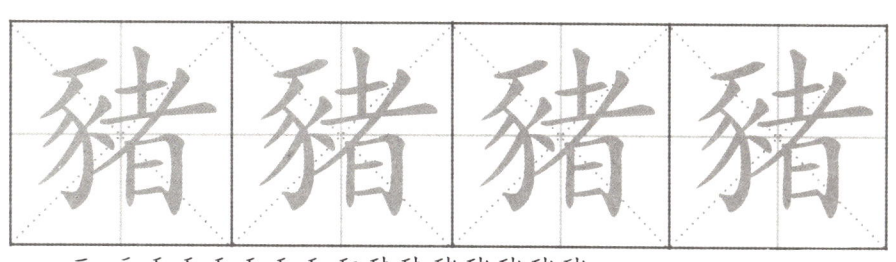

15画 ⺀ ⺀ 丆 豖 豖 豖 豖 豬 豬 豬 豬 豬 豬 豬 豬

注："豬"是异体字。

第五课

临写

肉	肉	肉	肉	肉	肉	肉	肉	肉	肉	肉
鸡	鸡	鸡	鸡	鸡	鸡	鸡	鸡	鸡	鸡	鸡
雞	雞	雞	雞	雞	雞	雞	雞	雞	雞	雞
猪	猪	猪	猪	猪	猪	猪	猪	猪	猪	猪
豬	豬	豬	豬	豬	豬	豬	豬	豬	豬	豬

第五课

L5.9 狗够碗筷瓶

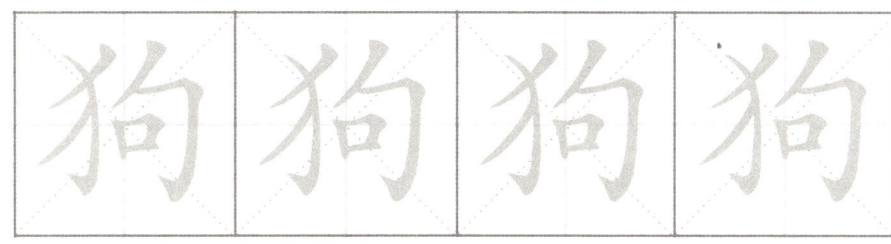

gǒu
犭部（反犬旁）
犭 + 句 gōu

8 画 ⺈ 犭 犭 犭 狗 狗 狗

gòu [夠]
夕部
句 gōu + 多

11画 ⺈ 勹 句 句 句 句 够 够 够 够 够

wǎn
石部
石 + 宛 wǎn

13画 一 丆 石 石 石 石 矽 矽 碗 碗 碗 碗 碗

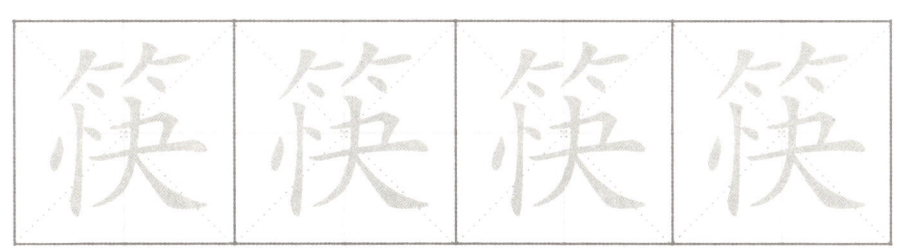

kuài
⺮部（竹字头）
⺮ + 快 kuài

13画 ⺈ 个 竹 竺 竺 筷 筷 筷 筷 筷 筷 筷

píng
瓦部
并 bìng + 瓦

10画 丷 丷 兰 兰 羊 并 并 瓶 瓶 瓶

注："夠"是异体字。

临写

狗	狗	狗	狗	狗	狗	狗	狗	狗	狗	狗

够	够	够	够	够	够	够	够	够	够	够

夠	夠	夠	夠	夠	夠	夠	夠	夠	夠	夠

碗	碗	碗	碗	碗	碗	碗	碗	碗	碗	碗

筷	筷	筷	筷	筷	筷	筷	筷	筷	筷	筷

瓶	瓶	瓶	瓶	瓶	瓶	瓶	瓶	瓶	瓶	瓶

第五课

L5.10 练习

1 写汉字

(yī) Zài Zhōngguó, shúrén jiànmiàn hěn shǎo shuō "nǐ hǎo", cháng shuō "Chīle (了) ma?", "Chīle méiyǒu?"

(èr) Wǒ bù xiǎng chī shítáng. Wǒmen huíjiā zhǔ yìdiǎnr miàn chī ba!

(sān) ■ "Règǒu" shì shénme dōngxi?　▲ Shì yì zhǒng xiǎochī, Yīngyǔ yě jiào "Règǒu".

(sì) ■ Nǎr kěyǐ mǎi kǎojī?　▲ Duìmiàn de fànguǎn jiù mài.

(wǔ) Yào yì píng báijiǔ、yí gè chǎo zhūròu、yí gè jītāng、sān wǎn mǐfàn、yì wǎn lěngmiàn, duō fàng yìdiǎnr xiāngcài.

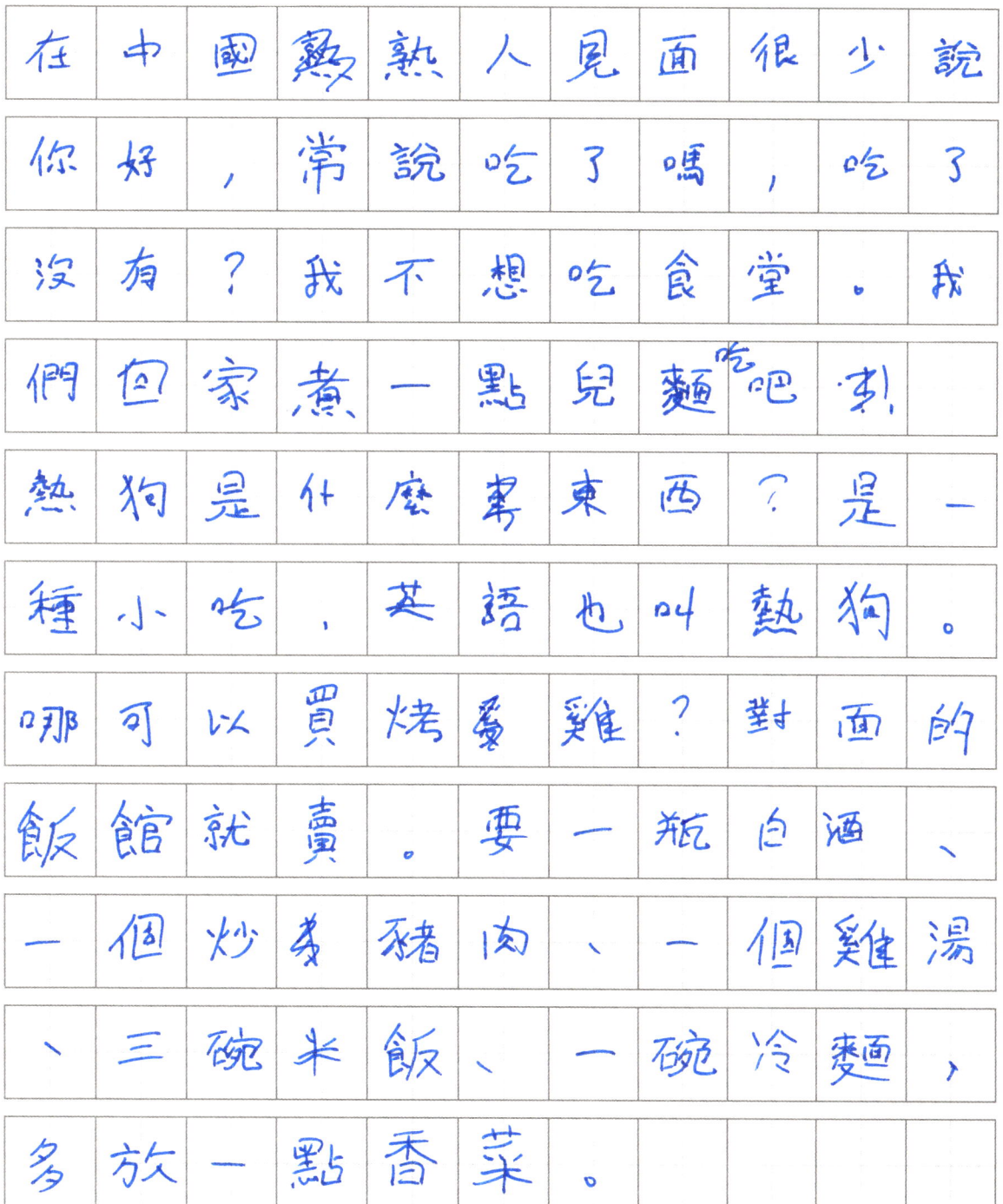

在	中	國	熟	熟	人	見	面	很	少	說
你	好	，	常	說	吃	了	嗎	，	吃	了
沒	有	？	我	不	想	吃	食	堂	。	我
們	回	家	煮	一	點	兒	麵	吃吧	刘	
熱	狗	是	什	麼	東	西	？	是	一	
種	小	吃	，	英	語	也	叫	熱	狗	。
哪	可	以	買	烤	雞	？	對	面	的	
飯	館	就	賣	。	要	一	瓶	白	酒	、
一	個	炒	豬	肉	、	一	個	雞	湯	
、	三	碗	米	飯	、	一	碗	冷	麵	，
多	放	一	點	香	菜	。				

第五课

2　偏旁接龙

醋	酒										

3　写简体字

一個人來一碗雞湯麵怎麼樣？

水開了！小心，燙手。

4　阅读

　　这个大学的学生对食堂不满意。他们说食堂的菜不香。面食、米饭常常是冷的，也没有热汤。食堂卖的糖醋鸡肉没有糖。羊肉有点儿酸，不可口。炒猪肉不知道是不是炒狗肉。碗筷没烫过，很不干净。一个瓶子里装的酒还不够半瓶。服务员态度不热情。他们说食堂应该听听学生们的意见。服务员说，想吃好的，上美食饭馆儿吧！

5　作文《点菜》

第五课

第五课

附录

部分汉字偏旁俗称表

（本表收录的偏旁大部分现在不能单独成字）

部首	名称	
冫	两点水	liǎngdiǎnshuǐ
冖	秃宝盖	tūbǎogài
讠	言字旁	yánzìpáng
刂	立刀旁	lìdāopáng
亻	单立人	dānlìrén
阝	右耳刀	yòu'ěrdāo
氵	三点水	sāndiǎnshuǐ
忄	竖心旁	shùxīnpáng
广	广字旁	guǎngzìpáng
宀	宝盖	bǎogài
辶	走之	zǒuzhī
扌	提土旁	títǔpáng
艹	草字头	cǎozìtóu
扌	提手旁	tíshǒupáng
彳	双立人	shuānglìrén
犭	反犬旁	fǎnquǎnpáng
饣	食字旁	shízìpáng
纟	绞丝旁	jiǎosīpáng
灬	四点	sìdiǎn
攵	反文旁	fǎnwénpáng
禾	禾木旁	hémùpáng
衤	衣字旁	yīzìpáng
钅	金字旁	jīnzìpáng
竹	竹字头	zhúzìtóu
𧾷	足字旁	zúzìpáng

汉字总表

bā	八		B2		duō	多		L1
bà	爸		L2		ér	儿	兒	L2
ba	吧		L2		èr	二		B2
bái	白		B4		fǎ	法		L2
bǎi	百		B4		fàn	饭	飯	L5
bàn	半		L4		fāng	方		B8
bǎo	饱		L5		fáng	房		B8
bēi	杯		B6		fǎng	访	訪	B8
běi	北		L2		fàng	放		B8
běn	本		B4		fèi	费	費	L3
bì	必		L4		fēn	分		L4
biān	边	邊	L2		fú	服		L3
bù	不		B4		fù	父		L2
bù	部		L1		gāi	该	該	L4
cài	菜		L5		gē	哥		B8
chá	茶		L5		gē	歌		B8
chà	差		L3		gè	个	個	B9
cháng	长	長	B5		gēn	跟		L3
cháng	常		L5		gōng	工		B8
chǎo	炒		L5		gǒu	狗		L5
chē	车	車	B5		gòu	够	夠	L5
chī	吃		L5		guān	关	關	L4
chuān	穿		L3		guǎn	馆	館	L5
cì	次		L3		guó	国	國	B6
cóng	从	從	L4		guò	过	過	L4
cù	醋		L5		hái/huán	还	還	L1
dǎ	打		L1		hái	孩		L4
dà	大		B4		hǎi	海		L2
dào	到		L4		hàn	汉	漢	B9
dào	道		L1		hǎo	好		B6
dé	德		L4		hē	喝		L5
de	的		L1		hé	河		B8
děi/de	得		L3		hēi	黑		L3
děng	等		L4		hěn	很		L3
dì	地		B7		hóng	红	紅	B8
dì	弟		L2		hòu	后	後	L4
dì	第		L2		hòu	候		L4
diǎn	点	點	L3		hú	湖		L2
diàn	电	電	L1		huā	花		L3
dōng	东	東	L2		huà	话	話	B7
dōu/dū	都		L1		huí	回		B6
duì	对	對	L4		huì	会	會	L2

huǒ	火		L5		nà	那		L1
jī	鸡	雞	L5		nán	男		B6
jǐ	几	幾	L4		nán	南		L2
jiā	家		L1		néng	能		L4
jiǎ/jià	假		L4		nǐ	你		L1
jiàn	见	見	B5		nián	年		L2
jiāng	江		B8		niǎo	鸟	鳥	B5
jiǎo	饺	餃	L5		nín	您		L1
jiào	叫		L1		nǚ	女		B3
jiě	姐		L2		píng	瓶		L5
jīn	今		L2		qī	七		B2
jīn	金		L3		qī	期		L4
jīng	京		L2		qián	前		L4
jiǔ	九		B2		qián	钱	錢	L3
jiǔ	酒		L5		qīn	亲	親	L2
jiù	就		L2		qīng	青		L3
kāi	开	開	B9		qíng	情		L3
kàn	看		B6		qǐng	请	請	L3
kǎo	烤		L5		qù	去		L2
kě	可		B8		rè	热	熱	L5
kè	刻		L4		rén	人		B3
kòng	空		B8		rì	日		B3
kǒu	口		B3		ròu	肉		L5
kù	裤	褲	L3		sān	三		B2
kuài	筷		L5		shàng	上		B4
kuàng	况		L3		shǎo	少		B4
lái	来	來	L3		shén	什		L1
lěng	冷		L5		shēng	生		L1
lì	力		B3		shěng	省		L2
liù	六		B2		shí	十		B2
mǎ	马	馬	B5		shí	时	時	L4
ma	吗	嗎	L1		shí	食		L5
mǎi	买	買	L3		shì	市		L2
mài	卖	賣	L3		shì	事		L4
máng	忙		B7		shì	是		L1
me	么	麼	L1		shǒu	手		B3
méi	没		L2		shǒu	首		L1
mèi	妹		L2		shū	书	書	B9
mén	门	門	B5		shú (shóu)	熟		L5
mǐ	米		L5		shuí (shéi)	谁	誰	L1
miàn	面	麵	L5		shuǐ	水		L2
míng	名		L1		shuō	说	說	B7
míng	明		B6		sī	思		B7
mǔ	母		L2		sì	四		B2
mù	木		B4		sòng	送		L4
nǎ	哪		L1		suān	酸		L5

附录

Pinyin	简体	繁体	Level		Pinyin	简体	繁体	Level
suì	岁	歲	L2		xū	须	須	L4
tā	他		B6		xué	学	學	B9
tā	她		L1		yán	言		B7
tài	太		B4		yáng	羊		L3
tāng	汤	湯	L5		yàng	样	樣	L3
táng	堂		L5		yào	要		L3
táng	糖		L5		yě	也		B4
tàng	烫	燙	L5		yī	一		B2
tí	题	題	L1		yī	衣		L3
tiān	天		B3		yǐ	以		L4
tián	田		B3		yín	银	銀	L3
tīng	听	聽	L4		yīng	应	應	L4
tóu	头	頭	L3		yīng	英		L3
tǔ	土		B7		yòng	用		L3
wǎn	碗		L5		yǒu	有		B6
wén	文		B3		yǔ	雨		L1
wén	闻	聞	L4		yǔ	语	語	B7
wèn	问	問	B6		yuè	月		B3
wǒ	我		L1		zài	再		L1
wǔ	五		B2		zài	在		B7
xī	西		L2		zǎo	早		B6
xià	下		B4		zěn	怎		L1
xiān	先		L2		zhǎo	找		L1
xiàn	现	現	L2		zhè	这	這	L1
xiāng	香		L5		zhī	知		L1
xiǎng	想		B7		zhōng	中		B3
xiǎo	小		B4		zhǒng	种	種	B9
xié	鞋		L3		zhū	猪	豬	L5
xiě	写	寫	L2		zhǔ	煮		L5
xiè	谢	謝	L1		zhuāng	装	裝	L3
xīn	心		B7		zī	资	資	L3
xīn	新		L4		zǐ	子		B3
xīng	星		L4		zì	字		L1
xíng/háng	行		L3		zuì	最		L4
xìng	姓		L1		zuò	作		L1
xiōng	兄		L2		zuò	坐		B7

甲级字（798个）

啊矮爱安吧八把爸白百摆班搬般板半办帮包饱抱报杯北倍备
被本比笔必边便变遍表别病播不布步部擦才彩菜参操草层茶
查差产长常厂场唱朝车晨城成吃持迟抽初出除楚础处穿船窗
床吹春磁词次从村错答打大戴带代单但蛋当刀倒导到道得的
灯等低地第弟点典电店掉调定丢东冬懂动都读度短锻段对顿
多饿而儿二发法翻烦反饭方房访放非啡飞分丰封风夫服福府
复傅父负富附该改概干感敢刚钢高搞告哥歌个各给根跟更工
公共够姑故顾刮挂关观馆惯广贵国果过哈孩海寒喊汉好号喝
和何合河黑很红候后忽湖互户花画划化话坏欢还换黄回会活
火或基机鸡极集急级挤几己绩技济寄计记继纪家加假驾坚间
检简践见件健建将江讲蕉交脚角饺教较叫接街节结解姐界借
介斤今紧进近晴精经静净究久九酒旧就局橘桔举句觉决咖卡
开看康考棵科咳可渴克刻客课空口哭苦块快况困拉啦来蓝篮
览劳老乐累冷离理里礼历利例立力俩联连脸炼练凉两辆亮谅
了零领留流六楼路录旅绿乱论妈麻马嘛吗买卖满慢忙毛冒帽
么没每妹门们米面民明名母目拿哪呐那奶南男难呢内能嗯你
年念娘您牛农努女暖爬怕拍排派旁跑朋碰批啤篇片漂票苹平
瓶评破期七其齐骑起器气汽铅千钱前浅墙桥切且亲青轻清晴
情请秋球求取去全确然让热人任认日容肉如赛三散色山商上
烧少绍舍社设身深神声生省剩胜师十拾时什食实识史使始示
世事是适市室视试收手首输舒书熟术树束数双谁水睡说思死
四送嗽宿诉酸算虽岁所他它她抬太态谈汤堂糖躺讨特疼踢提
题体天条跳听停庭挺通同痛头突图团推腿退脱袜外玩完碗晚
万往望忘危围为伟喂位文闻问我握屋五午舞物务误西息希习
喜洗系细下夏先险现相香想响像向消小校笑些鞋写谢辛新心
信星兴行幸姓休需须许续学雪呀研言颜眼演宴验扬羊阳样药
要也页业夜一医衣宜椅已以艺易亿意义谊译因音阴银应迎赢
影泳永用尤邮游有友右又鱼愉雨语遇育预元原园员圆远愿院
月云运杂再在咱脏早澡责怎增展占站章张掌找照者这真整正
政支知之织直指只纸志治中钟种重周猪主助住注祝装准桌着
子自字总走租足族祖组嘴最昨左作坐座做

乙级字（809个）

阿挨哎唉按暗岸案傲巴拔败拜版扮榜膀傍薄保宝碑悲背笨逼
鼻毕币闭辟壁避编扁标宾兵冰饼并玻伯脖膊捕卜补猜材踩采
餐残藏厕策册测曾插叉察拆柴尝肠倡超抄吵彻沉趁衬称乘程
诚承池尺翅充冲虫崇愁臭厨触传闯创此刺聪粗醋促催脆存寸
措搭达呆袋待担胆淡弹挡党岛稻盗德登滴敌底帝递吊钓跌叠
顶订冻洞抖斗豆逗独堵肚渡端断堆队吨蹲盾夺躲朵鹅耳乏繁
凡范犯泛防仿纺肥肺费吩纷粉奋份愤蜂逢佛否肤扶幅符浮辅
腐副付妇咐盖杆肝赶港糕搁胳割革格隔攻功供巩贡狗构购估
鼓古骨固瓜拐怪官冠管罐贯光逛规鬼跪滚锅裹害含汗航毫盒
贺嘿恨哼猴厚呼乎壶胡糊虎护滑环慌皇灰挥辉恢悔昏婚混伙
获货击圾积激及即疾季既迹际夹稼价架尖肩艰拣捡剪减键箭
渐奖酱降郊骄阶届巾金仅禁尽劲京惊井警景境敬镜竟竞纠救
居拒据巨具距俱剧卷绢绝均菌军砍扛抗烤靠颗肯恳恐孔控扣
裤跨筷宽款矿捆括扩阔垃拦懒烂狼朗浪捞雷类泪厘梨璃李丽
厉励粒哩怜恋粮梁良量聊料列烈林临邻龄铃灵另令龙漏露陆
虑律率略轮萝落码骂埋麦迈脉馒猫矛貌贸煤美梦迷秘蜜密棉
免描秒庙妙灭命摸模磨墨默漠某亩慕木耐脑闹泥鸟扭浓弄怒
牌盘盼判乒胖炮赔陪配喷盆捧披脾疲皮匹偏骗飘拼品乓坡泼
迫扑铺朴普欺戚妻奇旗企启弃牵签欠歉枪强抢敲悄瞧巧侵庆
穷区渠趣圈劝缺却裙群燃染嚷扰绕惹忍扔仍荣入软锐弱撒洒
伞嗓扫嫂森杀沙傻晒衫闪善扇伤稍勺蛇舌射伸牲升绳失狮施
湿诗石式士柿势释守授受瘦蔬殊叔署属述刷摔甩顺撕私司丝
似松俗素速塑肃随碎损缩塔台毯探趟烫掏逃套梯替添填田甜
挑贴铁厅铜童桶统偷投透途涂土吐兔拖托挖哇歪弯王网微违
维委尾未味胃谓慰卫温稳污无武伍雾悟析吸牺悉席戏吓掀鲜
纤闲显献县羡限线箱乡详享项象晓效歇斜械型形醒性兄胸雄
熊修秀袖虚序绪宣选血寻训讯迅压牙咽烟盐严延沿厌央洋仰
养邀腰摇咬爷野叶液依移仪疑姨忆益议异姻引印英营硬映拥
勇优悠由油于余与羽玉援源约越跃阅允灾暂赞遭糟造皂燥择
则扎摘窄粘战涨丈招召折哲针阵睁征争证职植执值址止至致
置制秩质终众珠株逐竹煮著筑抓专转庄撞状追捉资紫仔综钻
醉尊遵

我的家

　　我叫马文。我家有四口人，爸爸、妈妈、哥哥和我。我家住在北京。

　　我妈妈是上海人。她常说："我想回上海。"她还说："上海话好听，北京话难听"。

　　我哥哥学文学。他最爱看《山南水北》。他去过很多地方，比如：湖南、湖北、江西……。

　　我是大学生，一九八九年三月七日出生，现在19岁。我每天都很忙，很少回家。

教材说明

《中国字》以简体字为主，兼及繁体。上册《中国字·书写》，前导9课，学习汉字94个，介绍汉字常识与书写须知，练习书写。后5课，学习汉字200个，与《中国话》相配，学习课文中高频常用汉字，共需30课时。

汉字结构分析：
- 归部以文字学部首为主，兼顾检字法部首，以便分析结构、理清音义线索。
- 部首先列本名，俗称随后。
- 解说结构时依书写顺序。
- 形声字声旁一律标注读音，以便区别形声、会意和记号字。
- 独体字一般不作切分；提取部首后剩下的成分如不成偏旁，对该字不作切分。

附录"甲级字"、"乙级字"表参考HSK大纲汉字分级。甲级字基本对应新HSK一至四级词，乙级字基本对应新HSK四至六级词。

为便于临写，本书采用易撕装订。

参考资料：

段玉裁（清）《说文解字注》，上海古籍出版社，1986

费锦昌等编《汉字写法规范字典》，上海辞书出版社，1992

黄德宽《古文字谱系疏证》，商务印书馆，2007

李燕、康加深《现代汉语形声字声符研究》，见陈原主编《现代汉语用字信息分析》，上海教育出版社，1993

李乐毅《简化字源》，华语教学出版社，1996

朱骏声（清）《说文通训定声》，台北世界书局影印本，1966

国家汉办/孔子学院总部编制《新汉语水平考试大纲HSK一级》，商务印书馆，2009

国家汉办/孔子学院总部编制《新汉语水平考试大纲HSK二级》，商务印书馆，2009

国家汉办/孔子学院总部编制《新汉语水平考试大纲HSK三级》，商务印书馆，2009

国家汉办/孔子学院总部编制《新汉语水平考试大纲HSK四级》，商务印书馆，2009

国家汉办/孔子学院总部编制《新汉语水平考试大纲HSK五级》，商务印书馆，2010

国家汉办/孔子学院总部编制《新汉语水平考试大纲HSK六级》，商务印书馆，2010

《草字编》，文物出版社，1983

中国社会科学院语言研究所词典编辑室编《现代汉语词典》（第5版），商务印书馆，2005

附录